PROFIL PHIL

Collection dirigée par Georges Décote
Série Textes philosophiques sous la direction de Laurence Hansen-Løve

LA RAISON
DANS L'HISTOIRE

HEGEL

Introduction , traduction, notes et commentaire

par Jean-Paul Frick
Agrégé de philosophie
Professeur à l'Université de Nancy-II

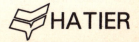

Sommaire

Introduction 3

Hegel et son œuvre 6
Le contexte politique 8
La philosophie de l'histoire
et le système hégélien 11
Philosophie et histoire 19
Commentaire 22
Première approche de la notion d'esprit ... 22
Définition « abstraite » de l'esprit : la liberté de
l'esprit est le principe d'explication de l'histoire. 23
Approfondissement de la différence entre la
Nature et l'Esprit 25
L'esprit dans sa forme concrète : les peuples et
les esprits des peuples 31
De l'Orient à l'Occident : les étapes historiques
du progrès de la liberté 39
La réconciliation de l'idéal et du réel ... 42
Conclusion................................. 44

« La raison dans l'histoire » 45

La détermination de l'esprit 51
  La définition abstraite de l'Esprit...... 51
  Les peuples 56
  Vie et mort des peuples 61
  Le but ultime de l'histoire : la réconciliation de
l'idéal et du réel........................ 71

Lexique 78

© HATIER PARIS JANVIER 1987
ISSN 0337-1425   ISBN 2-218-07658-5

INTRODUCTION

Le philosophe français Maurice Merleau-Ponty déclarait en 1947 : « Hegel est à l'origine de tout ce qui s'est fait de grand en philosophie depuis un siècle... »[1]. La formule contient peut-être une part d'exagération. Toujours est-il que Hegel occupe une position privilégiée dans l'histoire de la philosophie moderne et que sa pensée n'a cessé d'appeler les prises de position. On pourrait ajouter que sa philosophie de l'histoire a laissé un impact particulièrement évident. Le cas de Marx est, de ce point de vue, tout à fait exemplaire, à tel point que l'on a pu dire que Hegel devait, pour une grande part, sa gloire posthume à Marx. Mais on pourrait également s'interroger sur l'importance de l'anti-hégélianisme chez un certain nombre de philosophes contemporains.

Une approche nouvelle des rapports entre la philosophie et la réalité

L'originalité de la philosophie hégélienne tient essentiellement à deux traits profondément liés. Elle inaugure une nouvelle manière de concevoir la philosophie et elle prétend, dans cette perspective, clôturer ou achever celle-ci. Si, dès sa jeunesse, Hegel estimera que la tâche du philosophe est de « penser la vie », dans sa maturité, il affirmera de manière encore plus péremptoire que « saisir et comprendre ce qui est, telle est la tâche de la philosophie »[2]. Et il ajoutera - ce qui donne toute sa signification à sa position : « car ce qui est, c'est la raison ». Cette formule qui sera au cœur du texte que nous nous proposons

[1]. *Sens et non-sens*, Nagel, 1966, p. 110.

[2]. Préface des *Principes de la Philosophie du droit* (1821).

3

d'étudier, a un sens très précis qu'il faudra élucider. Disons d'emblée qu'elle signifie que le réel, et surtout le réel humain (les institutions culturelles et politiques), sont à saisir comme destinées à devenir conformes aux principes et aux valeurs que peut appréhender la pensée lorsqu'elle s'exerce avec la plus grande rigueur. Elle signifie, par exemple, que la philosophie ne saurait se proposer de dire comment le monde humain doit être, mais comment « il doit être connu » en tant qu'« univers éthique », c'est-à-dire en tant qu'espace dans lequel les aspirations les plus hautes de l'homme sont censées pouvoir se réaliser.

Se trouve donc récusée toute attitude philosophique prétendant donner des leçons sur ce que les choses devraient être au nom de la vérité et de la raison, au profit d'une attitude réconciliatrice avec la réalité existante. Hegel estime que la philosophie vient toujours trop tard pour dire ce que le monde doit être. Lorsqu'elle surgit, la réalité a déjà accompli son processus de formation. Cette idée n'a pas pour but d'insister sur une sorte de vanité, voire d'inutilité, de la démarche philosophique. Bien au contraire, elle signifie que la tâche de la philosophie est autre que celle qui lui a toujours été assignée. « ... La philosophie, précisément, parce qu'elle est la découverte du rationnel, est aussi du même coup la compréhension du présent et du réel et non la construction d'un au-delà qui serait Dieu sait où - ou plutôt dont on peut dire où il se trouve, c'est-à-dire dans l'erreur d'une façon de raisonner partielle et vide »[1]. La raison n'est pas impuissante au point de devoir se réfugier dans la pure pensée, dans l'utopie ou dans le pur idéal : elle est une force capable de se réaliser.

Si notre auteur renouvelle ainsi le sens des rapports entre l'ordre de la pensée et l'ordre de la réalité, c'est parce que l'époque à laquelle il vit lui paraît être une époque décisive permettant de penser à la fois l'achèvement du travail de la réalité et celui de l'effort de la pensée pour le saisir.

1. Préface des *Principes*.

Une pensée de l'accomplissement

Né en 1770, Hegel vivra avec intensité et ferveur les événements de la Révolution française. Il sera le témoin de son évolution et de ses conséquences : la formation de l'Empire napoléonien, les guerres qui transforment l'Allemagne, les mouvements de libération nationale, notamment en Prusse, etc. Profondément conscient des déchirements dont souffrent les hommes de la modernité (tension entre l'individu et l'État, entre l'homme privé et l'homme public, entre la morale et la politique, entre les intérêts économiques privés et la communauté, entre la religion et la philosophie, etc.), il croit discerner, dans les bouleversements en cours, le moment crucial et décisif où ces déchirements vont parvenir à leur résolution.

Le temps est venu de répondre définitivement aux quesitons que l'humanité s'est posée depuis le début de son histoire. Les combats que les nations ont menés et que les différentes philosophies ont tenté de clarifier, sans le savoir, arrivent à leur terme. La philosophie hégélienne est une manière de fêter les accordailles de la norme et de la réalité politique et culturelle.

« Penser ce qui est » n'a donc nullement un sens statique. Cette expression échappe à la trivialité parce qu'elle signifie qu'il faut penser un dynamisme à l'œuvre dans le temps, un dynamisme qui porte en lui la promesse d'un ordre conforme à ce qu'il doit être, c'est-à-dire à la raison. Notre philosophe usera d'une belle image pour traduire son point de vue : « Reconnaître la raison comme la rose dans la croix du présent et se réjouir d'elle, c'est là la vision rationnelle qui constitue la réconciliation avec la réalité »[1].

1. Préface des *Principes*.

Hegel et son œuvre

Georges-Guillaume-Frédéric Hegel est né à Stuttgart, le 27 avril 1770. Après de brillantes études au lycée classique de sa ville natale, il entre en 1788 au *Stift* de Tübingen, séminaire protestant destiné à la formation du clergé évangélique. C'est là qu'il se liera d'amitié avec Hölderlin et Schelling qui deviendront célèbres comme lui, l'un comme poète, l'autre comme philosophe.

Au cours de son séjour à Tübingen, il sera témoin de la Révolution française et se sentira plein d'enthousiasme pour elle. En dépit d'une position critique vis-à-vis de la tournure ultérieure qu'elle prendra, Hegel ne reviendra jamais sur son enthousiasme de jeunesse. Toute sa vie, il fêtera l'anniversaire de la prise de la Bastille.

A sa sortie du *Stift*, Hegel commence une longue et pénible pérégrination qui sera marquée de différentes stations. C'est l'impécuniosité qui le pousse à travailler comme précepteur, d'abord à Berne (1793-1796), puis à Francfort (1797-1800). S'il suit avec passion les événements politiques, il étudie également les philosophies de Kant, Fichte et Schelling et réfléchit sur le christianisme. A Francfort, Hegel connaîtra une crise profonde qui le mènera jusqu'à l'épuisement de ses forces. Cette crise coïncide avec le moment où il commence à entrevoir ce que sera sa véritable pensée.

La mort de son père (1799) le met en possession d'un modeste héritage qui va lui permettre de renoncer au préceptorat. Il peut désormais envisager une carrière universitaire. En octobre 1801, il est nommé *Privatdozent* à l'Université de Iéna. Conformément à la tradition universitaire allemande, le *Privatdozent* n'est qu'un professeur privé, rémunéré par les seuls subsides que lui versent ses auditeurs.

Sa première grande œuvre, la *Phénoménologie de l'Esprit*, sera publiée en 1807, au lendemain de la bataille d'Iéna. Hegel est maintenant en possession de la véritable dimension de sa pensée. Il pourra proclamer que la *Phénoménologie* forme l'introduction de son Système. La préface de l'ouvrage (écrite après la rédaction de celui-ci) est une éblouissante exposition des lignes directrices de la philosophie hégélienne et de la « découverte » fondamentale qu'elle implique.

Hegel ne commence cependant pas par vouer son activité à l'exposition de son Système. De pressants besoins matériels l'arrachent à sa chaire d'Iéna. Pour gagner sa vie, il accepte la direction d'un journal politique à Bamberg, puis celle du lycée de Nuremberg (1807-1816). Quand il entreprendra la rédaction de sa *Science de la Logique* (publiée en 1812 et 1816), c'est autant pour subvenir aux besoins de son ménage (Hegel s'est marié en 1811) que pour céder aux exigences de sa démarche philosophique. Ce texte expose ce qui forme à la fois la première partie et le soubassement de son Système.

En 1816, Hegel est enfin nommé professeur à l'Université de Heidelberg. Il publiera, l'année suivante, à l'usage des auditeurs de ses cours, l'*Encyclopédie des sciences philosophiques*. Ce texte, formé de 477 courts paragraphes destinés à être commentés, présente l'essentiel du Système.

Reconnu comme le plus important philosophe allemand, Hegel sera appelé à l'Université de Berlin en octobre 1818. Il accède enfin à la notoriété et à une relative aisance.

Les textes qu'il publiera encore approfondiront certains aspects de sa pensée : les *Principes de la philosophie du droit* (1821) et une nouvelle édition, considérablement remaniée, de son *Encyclopédie* (1827 et 1830). Mais surtout, Hegel enseigne, consacrant ses cours à la philosophie de la religion, à l'esthétique, à l'histoire de la philosophie et aussi à la philosophie de l'histoire. Le texte que nous allons étudier est le résultat de cours qui ont eu lieu entre 1822 et 1830. Le succès de cet enseignement est immense.

Hegel meurt le 14 novembre 1831, victime d'une épidémie de choléra.

Le contexte politique

Le rapport que la pensée de Hegel entretient avec son temps oblige à jeter un rapide coup d'œil sur le contexte politique dans lequel elle s'est développée. Cela est d'autant plus nécessaire que Hegel s'est souvent vu taxé de conservatisme et s'est attiré le reproche de s'être fait l'apologue de la Restauration en Allemagne, d'avoir notamment glorifié l'État prussien avec tout ce qu'il pouvait avoir de réactionnaire.

En étudiant la biographie de Hegel, Jacques d'Hondt a pu montrer qu'au cours de ses déplacements successifs, notre philosophe traçait comme « l'itinéraire de l'esprit libre en Allemagne ». Il s'installe chaque fois dans le pays qui semble le mieux porter les intérêts de la culture ou du progrès politique[1]. Si, plus tard, il acceptera de s'installer en Prusse, on peut supposer que ce n'est pas parce qu'il voyait en elle un État tel que son passé le définissait, mais parce qu'il l'envisageait dans une « rationalité » à venir.

Lorsqu'il arrive à Berlin en 1818, la Prusse est bien différente de ce qu'elle était au début du siècle. De cette Prusse-là, notre philosophe n'hésitait pas à faire le procès dans sa *Constitution de l'Allemagne* (1800-1802). Mais, après 1815, presque tous les Allemands cultivés et patriotes tournent leurs yeux vers elle. Alors que les autres États allemands stagnent ou régressent, la Prusse accède à la vie moderne. Si la Révolution n'avait eu aucun effet immédiat sur elle, les guerres napoléoniennes y eurent des répercussions plus profondes que dans aucun autre État. La monarchie centralisée et autoritaire de Frédéric II s'est

---

1. « La Suisse où il séjourna, symbolisait pour beaucoup d'intellectuels européens l'idéal de la liberté : illusion qu'il s'efforça de dissiper, après expérience. A Francfort, il trouva une métropole commerçante et politique, liée aux tentatives de la Confédération du Rhin. Lorsqu'il se rendit à Iéna, cette ville était devenue, avec Weimar, un centre de haute activité intellectuelle et de pensée hétérodoxe, sous l'égide du duc de Saxe-Weimar et de son ministre Goethe. Il s'établit en Bavière après que le retour de Montgelas à la direction des affaires publiques eut ouvert une nouvelle ère de progrès, de lutte active contre « l'obscurantisme », d'expansion des idées nouvelles ». *Hegel en son temps*, Ed. sociales, 1968, pp. 27-28.

effondrée. En l'espace de quelques années, la Prusse va se transformer (libération des paysans, suppression de la plupart des droits féodaux, autonomie administrative des villes, suppression de la censure dans ses formes les plus étroites, transformation de l'armée de métier en armée populaire...). On peut dire que cette évolution va dans le sens qui était celui de la Révolution. Cependant, comme le fait justement remarquer E. Weil, cette transformation n'était pas le résultat d'une revendication populaire. C'était le gouvernement lui-même qui reconnaissait que « seule une réforme profonde (pouvait) fournir le moyen de donner des forces à l'État, de préparer efficacement la nouvelle guerre, de provoquer ce réveil national sans lequel la lutte contre Napoléon n'aurait pas la moindre chance de réussir »[1].

Dans cette perspective, il était normal qu'après la chute de l'empereur, une partie des réformes ait été appliquée avec beaucoup plus de lenteur et d'hésitation. Un courant de restauration des anciens privilèges se faisait sentir. Néanmoins, la politique contre-révolutionnaire ne s'installera qu'après 1830. Avant cette date, la Prusse restera le pays des réformes en cours. Et c'est sur la promesse de ce qu'elle est en devenir que misent ses admirateurs. Dirigée par un groupe de fonctionnaires remarquables qui agissent derrière le paravent du pouvoir royal, elle semble mettre en œuvre ce que les autres nations (y compris l'Angleterre) échouent à faire : instaurer « l'État de la pensée, de la libre propriété, de l'administration qui ne dépend que de la loi, l'État du droit »[2]. Bref, la Prusse apparaît comme un État où les principes de la liberté semblent pouvoir se réaliser, bien que cette liberté ne soit pas conçue d'une manière « libérale » et que sa mise en œuvre passe moins par l'exercice de la souveraineté du peuple que par les décisions d'un corps de fonctionnaires éclairés[3].

1. E. Weil, *Hegel et l'État*, Vrin, 1966, pp. 13-19.
2. E. Weil, p. 22.
3. Cette situation n'avait rien qui puisse heurter Hegel qui conçoit davantage la réalisation de la liberté politique par l'action rationnelle d'un corps de fonctionnaires que par l'exercice du contrôle démocratique.

Appelé à enseigner à Berlin, Hegel avait-il des raisons de refuser ? A-t-il été choisi pour jouer le rôle de « chien de garde idéologique » chargé de combattre les doctrines libérales et révolutionnaires ? Certains l'ont prétendu. D'autres ont pensé que si Hegel n'était pas venu à Berlin avec le dessein de servir la réaction, il adopta cependant spontanément une attitude conservatrice, parce que son propre système de pensée le poussait à une telle attitude.

On peut faire justice de ces accusations. La pensée politique et historique de Hegel ne ratifie par les revendications d'une attitude conservatrice ou restauratrice du passé. Sa pensée profonde est en contradiction avec la notion de « Restauration ». Si sa pensée était opposée à cette thèse d'une résistance à des réformes, on peut dire que sa pratique personnelle s'y opposera également. Hegel détestera pratiquement la Restauration (au sens propre du terme dans le cas de la France, comme au sens plus large d'un mouvement de retour au passé, à l'Ancien Régime) autant qu'il la condamnait théoriquement. Sa correspondance de 1816 témoigne de son aversion. La chute de Napoléon, du « grand professeur de droit de Paris », lui apparaît comme un événement tragique, ouvrant la voie à la médiocrité. « Cette médiocrité incolore et insipide qui ne produit rien de bien mauvais ni rien de bien bon, voilà qu'elle dirige maintenant notre monde... »[1].

Changera-t-il après sa nomination à Berlin ? Les *Principes de la philosophie du droit* apportent la réponse à une telle question. Hegel y critique ceux qui, comme Haller ou Savigny, tentent de fournir une « philosophie » à la Restauration. Si Hegel avait l'intention de défendre ce que le Prusse incarnait de plus conservateur, de plus traditionnel, s'il voulait œuvrer en faveur d'un retour des structures féodales contre les tentatives de réformes qui faisaient de ce pays un pôle d'attraction, on voit mal pourquoi les *Principes* ont vu leur publication retardée d'un an, à la suite de l'application de l'édit de censure promulgué le 18 octobre 1819.

---

1. *Lettre à Niethammer*, cité par J. d'Hondt, pp. 47-48.

S'il arrive donc bien à Hegel de faire l'éloge de la Prusse, ce n'est pas pour la louer telle qu'elle est, mais dans les possibilités qu'elle semble contenir de réaliser les principes de la raison et de la liberté. La question de savoir si, de ce point de vue, sa position fut clairvoyante, mérite évidemment d'être posée.

La philosophie de l'histoire et le système hégélien

Hegel n'a jamais publié d'ouvrage consacré directement à la philosophie de l'histoire. Néanmoins, il lui a consacré plusieurs cours entre 1822 et 1830. Les *Leçons sur la philosophie de l'histoire* ont été établies par les éditeurs à partir des manuscrits que Hegel lui-même avait laissés et à partir des cahiers de notes tenus par certains de ses auditeurs. Elles se composent des différentes versions d'une très longue introduction (dans laquelle sont présentés les principes fondamentaux de cette philosophie) ainsi que d'une partie consacrée à l'analyse des différentes périodes de l'histoire universelle. Le texte dont nous proposons le commentaire est tiré de l'Introduction.

On doit constater que la philosophie de l'histoire est la discipline que Hegel a enseignée le plus tardivement. Et pourtant, sa conception générale de l'histoire était présupposée depuis longtemps. Ce fait est significatif d'une certaine difficulté concernant le rapport entre cette philosophie et l'ensemble du Système. La philosophie de l'histoire commente la succession des événements qui se sont déroulés au cours des siècles, qui ont concerné des continents ou des empires déterminés, des institutions précises, vu à l'œuvre tels peuples ou tels hommes dont la stature fut absolument originale. Elle s'intéresse donc à l'histoire telle qu'elle a effectivement eu lieu, avec la part d'arbitraire, de hasard, de particularisme qu'elle a comportée.

Mais le principe qui permet de comprendre (philosophiquement) l'histoire peut être exposé par la philosophie, indépendamment de la considération historique. Cela veut dire que, pour Hegel, l'histoire a un sens, mais ce sens, dont la réalisation forme le cours de l'histoire, traduit cependant l'action d'un dynamisme qui n'est pas le produit des circonstances historiques elles-mêmes. Ce dynamisme est une pensée vivante qui s'exprime dans l'ordre du monde et se saisit en lui. Nous verrons comment la notion d'Esprit viendra clarifier cette perspective. Pour le moment, retenons l'idée que la philosophie de l'histoire nécessite une compréhension du thème central qui oriente l'ensemble du Système.

Hegel annonce sans ambiguïté la nécessité de ce détour au début des *Leçons sur la philosophie de l'histoire*, bien qu'il admette que seule la philosophie puisse démontrer la vérité de ce détour. « ... la seule idée qu'apporte la philosophie est la simple idée de la Raison - l'idée que la Raison gouverne le monde et que, par conséquent, l'histoire universelle s'est elle aussi déroulée rationnellement. Cette conviction est une présomption par rapport à l'histoire comme telle. Ce n'en est pas une pour la philosophie. » Ce que Hegel demande à ses auditeurs, c'est précisément d'admettre qu'il y a un ordre dans l'histoire et que la philosophie est capable de démontrer la nécessité de cet ordre, en s'appuyant sur la seule vitalité de la pensée. Pour tous ceux qui n'accèdent pas à la philosophie, il demeure impossible de participer à la démonstration de cette vérité. Ils ne peuvent qu'en constater les effets, en se laissant guider par les explications du philosophe.

Sans prétendre introduire à la « démonstration » dont il est ici question, nous pouvons cependant essayer de présenter les lignes directrices de sa philosophie afin de clarifier son point de vue. Et, tout d'abord, revenons sur son intention centrale.

Une réévaluation de la philosophie

Comme le dit si bien F. Châtelet, au cœur du Système hégélien, sourd une inquiétude cachée, l'inquiétude que la philosophie « n'ait pas sa chance », qu'elle ne soit qu'un délire organisé, une supercherie. De quoi parle-t-elle ? Comment en parle-t-elle ? Hegel réévalue sa motivation intellectuelle, sa prétention à tenir un discours universel qui soit celui de la vérité. Il la réévalue après les rudes coups que lui a portés la critique kantienne. Mais, il la réévalue également en fonction des événements qui ont secoué le monde à son époque et qu'il a vécus intensément.

Le concept qui fonde la pratique philosophique est celui de vérité : c'est l'exacte adéquation entre la pensée et l'être, qui garantit finalement la validité du discours philosophique. Lorsque la pensée exprime l'être (c'est-à-dire ce qui est, au sens le plus fondamental), alors le discours philosophique trouve sa légitimité. La grande affaire est donc de définir les critères grâce auxquels cette adéquation est possible et identifiable. Cette quête méthodologique a occupé toute l'histoire de la philosophie, mais elle est restée sans solution décisive.

Hegel prend en charge ce même problème, mais il ne l'aborde pas tel qu'il a été défini par la tradition. Il le déplace. Les philosophies antérieures admettaient implicitement, comme allant de soi, que l'objet du discours et le discours lui-même, l'être et la pensée, étaient séparés. Il y aurait, d'un côté, ce qui pense et, de l'autre, ce qui est à penser (ce qui, hors de la pensée, se contente d'être). Le sujet connaissant et l'être à connaître étaient censés être fondamentalement disjoints. Leur correspondance demeurait donc foncièrement incertaine, ne dépendant, à la limite, que de l'efficacité de la méthode du penseur.

Hegel prétend lever cette incertitude en supprimant l'hypothèque de la séparation. Il propose un « pari ambigu »[1] (Châtelet) qui consiste à refuser une conception de la vérité définie en termes d'adéquation entre un être et une pensée originairement distincts. L'être n'est pas transcendant à la pensée, c'est-à-dire ne se situe pas au-delà d'elle, ne lui est pas absolument extérieur. Il est plutôt une certaine manière qu'a la pensée de s'exprimer elle-même. La pensée se redouble en quelque chose d'autre qui lui fait face (qui devient objet), c'est-à-dire se tient en face d'elle (en allemand, le terme *Gegen-stand* rend compte de cette idée). La pensée trouve son propre reflet dans

---

1. *Hegel*, Coll. « Écrivains de toujours », Ed. du Seuil, 1968, p. 36.

l'objet et elle ne l'y trouve que parce que celui-ci est sa propre œuvre. B. Bourgeois a excellement résumé le sens du renouvellement philosophique opéré par notre auteur : « Hegel oppose à une philosophie intellectualiste de la réflexion une philosophie rationaliste du reflet »[1].

Le but de la philosophie, comme discours vrai, n'est pas de dire à l'aide de concepts ou d'idées ce que seraient les choses dans leur indépendance. Son but n'est pas d'offrir une *copie* d'une réalité qui demeurerait totalement extérieure, mais de montrer comme cette réalité exprime, manifeste la pensée, en fournit un double dans lequel elle peut se contempler comme en un miroir.

La démarche philosophique s'apparente alors à un travail de découverte de soi, de prise de conscience de soi. Elle doit permettre de montrer que la pensée peut se saisir elle-même dans toutes les formes de l'expérience, dans la nature comme dans la culture. Penser l'État, par exemple, ce n'est pas forger une idée de ce qu'il est ou devrait être, en tant que réalité indépendante de la pensée. C'est saisir le résultat de *l'objectivation* de la pensée[2]. C'est comprendre que l'État réel (accompli par le travail de l'histoire) est conforme à tout ce que la pensée la plus exigeante peut dire à son propos.

Notre philosophe a conscience de la difficulté de sa position, de la résistance qu'elle rencontre. Les hommes, même lorsqu'ils sont savants ou philosophes, restent généralement prisonniers du présupposé de la séparation. Il veut pourtant montrer que la pensée ne sort jamais d'elle-même. Elle reste toujours présente à elle-même dans ce qui paraît le plus extérieur à elle. C'est en ce sens qu'elle est un « processus » immanent (immanent : ce qui reste en soi-même, ne se dépasse pas dans autre chose que soi). Seule la philosophie est capable de comprendre que « la pensée est un Dieu actif qui n'exprime que lui-même et ne peut rien tolérer à ses côtés »[3].

---

1. *La pensée politique de Hegel*, P.U.F., 1969, p. 85.
2. Nous mettons les termes techniques du vocabulaire hégélien en italique et renvoyons, pour leur expli-cation, au lexique qui se trouve à la fin de cette présentation.
3. *Leçons sur l'histoire de la philosophie*, Introduction.

Écartons immédiatement une hypothèse à laquelle ce point de vue pourrait, à tort, faire songer. Hegel ne veut absolument pas réduire la réalité à de pures « idées », aux constructions abstraites d'une subjectivité pensante. Il ne veut nier ni la matière ni le fait que les hommes soient des êtres de chair et de sang vivant dans un univers concret. Bien au contraire, il ne cessera d'insister sur la nécessité de prendre en charge tous les éléments tangibles de l'expérience. Cela n'empêche pas que ce qui est primordial pour lui, c'est que les êtres naturels, les hommes, les institutions que ceux-ci mettent en œuvre, dans leur effective « objectivité », manifestent et expriment l'activité de cette instance spirituelle qu'est la pensée.

Notre présentation reste encore incomplète dans la mesure où cette unité décisive de la pensée et de la réalité, du sens et de l'existence (que traduira précisément la notion de Raison), a été exposée sans vraiment prendre en compte le mouvement grâce auquel elle se découvre et se réalise. Or, ce mouvement est absolument décisif. L'unité n'est pas acquise immédiatement. Elle implique un laborieux et douloureux parcours. Elle est une conquête. C'est de ce point de vue que Hegel introduira la notion de « dialectique ». Cela veut surtout dire que la pensée (donc la réalité) est ce qui surmonte les oppositions, les différences, ce qui se conquiert par-delà celles-ci. La véritable nature de l'opposition pour la pensée, c'est la contradiction. Ce qui nie la pensée, c'est ce qui la contredit. Hegel introduit cet apparent scandale logique selon lequel la contradiction n'est pas mortelle pour la raison, mais exprime sa vie même.

Les grandes lignes du Système

Il faut, à présent, tenter de comprendre comment la philosophie hégélienne prétend exposer ce déploiement de la pensée qui fonde toute forme de connaissance et toute forme de réalité.

Ce déploiement a incontestablement lieu dans l'histoire humaine. Et, il a lieu parce que cette histoire est le théâtre sur la scène duquel interviennent ces acteurs que sont les hommes. Être naturel, l'homme est aussi et surtout un être pensant. Il est esprit. Est fondamental pour Hegel, le fait que l'homme soit capable d'une « seconde naissance », celle qui l'introduit à l'ordre culturel.

Ce n'est cependant pas l'histoire proprement humaine qui est décisive pour notre philosophe. Son point de vue n'est pas humaniste. Ce qui est décisif à ses yeux, c'est ce que manifeste l'histoire humaine : la vitalité et le développement de cette pensée qui est au principe de toute forme de réalité. L'esprit humain présentifie ce que Hegel appelle *l'Esprit*, c'est-à-dire, finalement, la pensée universelle présente dans cette expérience concrète que représente la culture.

La pensée est à l'œuvre dans le monde, s'y développe, dans la mesure où elle produit (par l'intermédiaire des hommes) les formes successives de ce monde que représentent les sociétés humaines avec leurs différentes institutions (mœurs, structure politique, mais également sciences, techniques, art, religion, philosophie).

C'est ce travail que tente de penser la philosophie. Elle peut cependant le penser d'une double manière : exposer d'une part le parcours de l'Esprit en présentant les figures successives à travers lesquelles se déploie (dialectiquement) la vérité de l'Esprit, sans tenir compte des conditions particulières, proprement historiques, grâce auxquelles celui-ci a pu parvenir à la parfaite saisie de soi-même dans ses œuvres. Ce sera là l'objet de la philosophie de l'Esprit. Mais la philosophie peut également s'intéresser aux circonstances multiples, complexes, contingentes, qui ont permis à ce développement de se réaliser. Ce sera là le point de vue de la philosophie de l'histoire. Nous reviendrons sur cette différence dans le paragraphe suivant. Il convenait, pour le moment, de souligner le caractère inséparable et complémentaire de ces deux points de vue. Le sens de ce qui s'accomplit dans l'histoire peut être exposé philosophiquement en faisant abstraction des conditions historiques qui ont permis cet accomplissement.

Nous avions dit que la pensée pouvait se saisir dans toutes les formes de l'expérience. Notre propos n'a cependant envisagé que l'espace culturel. Mais qu'en est-il de la Nature ? Hegel opposera l'Esprit et la Nature. Ce n'est pas que la Nature ne manifeste pas elle aussi la pensée. Néanmoins, elle ne la manifeste que sous le mode de « l'aliénation ». Si le propre de la vie de la pensée est de se conquérir soi-même dans son « objectivité », on peut dire que la Nature traduit « l'échec » de ce projet. Pourquoi ? Précisément, parce que les êtres naturels (même les êtres vivants) ne parviennent pas à réaliser ce mouvement de retour à soi, ce travail de réflexion sur soi que seul un être pensant peut accomplir. Les êtres naturels ne peuvent pas se comprendre eux-mêmes. Ils ne peuvent pas davantage se rendre maîtres des conditions de leur existence. La loi qui régit leur existence leur reste extérieure. Elle ne peut devenir expression de leur propre vouloir. L'unité entre l'ordre de la pensée et celui de la réalité est donc impossible dans l'ordre naturel. Certes, la pensée n'est pas absente dans la Nature, mais elle y est comme engluée. La Nature n'est pas un chaos. Il y a de la rationalité en elle. Mais - répétons-le - cette rationalité n'est pas du même type que celui de la culture. La pensée la saisit toujours d'un point de vue extérieur. Elle ne peut la reconnaître comme le résultat de sa propre visée, de son propre but. « ... si, du fait de l'immanence de l'Idée dans la nature, il y a bien une raison dans la nature, ce qui permet une science et une philosophie de la nature, cette raison n'est précisément qu'une raison *dans* la nature et non pas une raison *de* la nature, ou plutôt... n'est la nature que comme autre qu'elle... »[1].

C'est donc en tant qu'Esprit et non en tant que Nature que la pensée accède à sa vérité. Ajoutons cependant que l'échec de la Nature éclaire la réussite du monde de l'Esprit. La vérité philosophique exige donc, comme

1. B. Bourgeois, *Présentation de la Science de la logique de l'Encyclopédie*, Vrin, 1970, p. 45.

moments inséparables, autant une philosophie de la Nature qu'une philosophie de l'Esprit.

Exposé dans sa totalité, le système hégélien ne se réduit pourtant pas à une philosophie de la Nature et à une philosophie de l'Esprit. Dans la mesure où le monde naturel et le monde culturel (avec la différence fondamentale que nous venons de souligner) sont des œuvres de la pensée telles qu'elles s'offrent dans l'expérience sensible, il reste possible, selon Hegel, d'exposer l'activité de la pensée livrée à elle-même, indépendamment de la production d'un monde naturel ou culturel. Ce que la pensée accomplit à travers les formes concrètes de ces deux mondes, elle l'exprime également en tant que pure activité pensante. Nous touchons là un point très délicat de la pensée du philosophe. Nous pensons pouvoir en formuler la signification centrale de la manière suivante : l'unité de la pensée et du réel qui fonde toute la philosophie hégélienne, trouve son fondement, sa « démonstration » ultime, dans l'exposition de l'activité de la pensée pure, comme activité qui produit les formes pures de toute pensée et de toute réalité. Hegel appelle cette exposition « science de la logique »[1]. Elle introduit les notions centrales de *Concept* et d'*Idée*. Elle n'a rien à voir avec une logique conçue en termes de théorie des simples formes de la pensée (une logique formelle), car elle est autant théorie des structures de la réalité que théorie des formes de la pensée, puisque la pensée, pour Hegel, est précisément ce qui s'objective, ce qui est à la fois sujet et objet.

La « science de la logique » met à l'épreuve le principe même de la démarche hégélienne. Il s'agit de comprendre comment l'unité du rationnel et du réel est effectivement possible. Or, l'unité de la pensée et de la réalité est précisément réalisable dans le monde de l'Esprit parce que la pensée dans son absolue autonomie, en administre déjà la preuve. La philosophie de la nature n'apparaît

---

1. « La logique est la science la plus *difficile* dans la mesure où elle n'a pas affaire à des intuitions... mais à des abstractions pures, et où elle exige une force qui permette de se retirer dans la pensée pure, de la maintenir ferme et de se mouvoir en une telle pensée. » (*Encyclopédie*, 1re éd., § 12).

comme saisie d'un « échec » que parce que la « science de la logique » fonde la possibilité d'une réussite du mouvement de la pensée[1]. Le sens le plus rationnel peut se retrouver dans la réalité concrète, parce que la pensée pure démontre sa capacité à se faire « objective ». Le monde culturel d'une manière positive, le monde naturel d'une manière négative, « vérifient » cette prodigieuse propriété, la mettent en œuvre sous la forme d'un monde concret qui est à la fois naturel et spirituel.

On comprend ainsi pourquoi le système de la philosophie hégélienne commence par la « science de la Logique », se poursuit par la philosophie de la Nature et s'achève par une philosophie de l'Esprit.

Philosophie et histoire

L'histoire n'a apparemment pas sa place dans le système hégélien. Elle est pourtant bien le lieu de la réalisation de l'Esprit. Nous avons déjà insisté sur le lien étroit qui lie la philosophie de l'histoire à la philosophie de l'Esprit. Il nous faut, à présent, le préciser afin de faire apparaître le véritable sens de la considération philosophique de l'histoire.

Comprise ainsi, l'histoire se révèle être le théâtre sur lequel se joue l'accomplissement de l'Esprit. Et les acteurs en sont les hommes ou, plus exactement, les peuples. Cela ne signifie cependant pas que le déroulement historique, dans sa dimension événementielle, ne soit rien de plus qu'une sorte d'exécution d'une trame conceptuelle préétablie dont la philosophie de l'Esprit définirait les termes. Elle ne serait alors qu'une redite de celle-ci. Ce n'est pas ainsi que Hegel l'envisage. On peut dire que l'histoire

1. « Si en vertu de ce qui a été dit jusqu'à présent, nous considérons la Logique comme le système des *pures* déterminations-de-pensée, les autres sciences philosophiques, la Philosophie de la nature et la Philosophie de l'esprit, apparaissent en revanche en quelque sorte comme une Logique appliquée, car la Logique est l'âme qui les vivifie. » (*Encyclopédie*, addition 2 au § 24).

présente le travail de l'esprit dans ce qu'il a de laborieux, d'hésitant, de vivant. En effet, elle montre comment l'Esprit se fraie la voie de la conscience de soi en utilisant les données qu'il trouve sur sa route. Et ces données, ce sont des conditions géographiques précises, favorables ou défavorables, ce sont des peuples ayant certaines caractéristiques (tempérament spontané, dispositions sociopolitiques, etc.) qui vont les rendre capables ou non d'exprimer la vie de l'Esprit. Ce que la philosophie pourra exposer dans la sérénité de la pensée doit d'abord s'accomplir « sur le terrain », dans la vie des peuples, en tenant compte des aléas qu'implique celle-ci. L'Esprit doit surmonter la nature. Mais il se sert également de la nature pour créer son propre univers. Il ne s'asservit pas à elle ; il s'en sert comme d'un matériau[1].

L'histoire n'a pas été faite par des hommes ou des peuples abstraits. Elle a été faite par ceux qui, en raison de certains traits circonstanciels et accidentels, avaient « le plus de chance » de pouvoir exprimer l'Esprit à un moment donné de son développement. Ainsi, elle a été faite par les peuples d'Orient, mais surtout par les Grecs, les Romains, les peuples de l'Europe occidentale. L'Afrique, par exemple, reste totalement à l'écart de l'histoire universelle parce que, selon notre auteur, ses conditions géographiques et climatiques y empêchent l'homme de sortir de son état naturel.

La philosophie de l'histoire est donc bien une « philosophie de l'histoire vivante » (pour reprendre le titre d'un ouvrage de J. d'Hondt). Elle ne prétend pas *réduire* l'histoire à une « idée » de l'histoire. Elle prétend étudier la manière dont l'Esprit, comme *Esprit du monde*, utilise les circonstances pour réussir son développement, pour s'accomplir comme Raison inscrite dans des figurations historiques qui comportent inévitablement une part « d'arbitraire, de hasard et d'erreur »[2].

---

1. « La Nature étant le présupposé de l'histoire, elle doit l'être aussi pour notre considération historique. Le naturel et le spirituel forment une figure vivante, qui est *l'histoire* » (*La raison dans l'histoire*, p. 270).
2. *Principes*, addition au § 258.

Cette part ne peut cependant défigurer le rationnel qui demeure identique à lui-même sous les traits qui le particularisent, tout comme « l'homme le plus détestable, le criminel, le malade ou l'infirme n'en est pas moins un homme vivant »[1].

Le texte que nous allons étudier explicite précisément la notion d'Esprit comme notion philosophique et comme notion historique. Il expose avec clarté et dans un langage qui se veut accessible à tous l'enjeu même de la philosophie hégélienne : le monde humain a un sens, il est le lieu dans lequel se développe la liberté.

1. Même référence.

Commentaire

Le texte que nous allons étudier forme le début de la seconde partie de l'Introduction aux *Leçons sur la philosophie de l'histoire*. Après avoir introduit l'idée directrice de sa démarche (« La Raison gouverne le monde »), après avoir tenté de suggérer ce qu'elle signifie, Hegel aborde le problème décisif : fonder sa position. Cette entreprise passe par l'éclaircissement de la notion d'Esprit qui forme la clé de voûte de la philosophie hégélienne de l'histoire.

Première approche de la notion d'esprit

Affirmer que la Raison gouverne le monde, c'est affirmer que son ordre et son devenir sont réglés par un but final. Pour Hegel, la notion de Raison n'appelle pas seulement l'idée d'un arrangement causal du monde qui fait échapper celui-ci au hasard, elle appelle aussi l'idée d'un arrangement finalisé. Cela signifie que tout événement qui a lieu existe en fonction d'un but, d'une « fin ».

La clarification de cette idée conduit à introduire la notion d'Esprit. Esprit et Raison sont des notions complémentaires, qui s'expriment l'une l'autre. Or, le « monde de l'Esprit », c'est précisément celui de la culture. C'est « l'univers second » qui s'oppose à la nature et marque la seconde naissance de l'homme.

Avant d'entrer dans une définition de l'Esprit, Hegel situe donc la perspective générale par rapport à laquelle sa démarche philosophique prend un sens. Comprendre philosophiquement l'histoire, c'est comprendre le sens de la culture humaine, le sens de son opposition à la Nature. C'est comprendre également ce qui s'y trame, s'y édifie.

Cette manière de procéder implique cependant que soit écarté un certain nombre d'idées préconçues, ou plus exactement, que soient clarifiés les aspects fondamentaux suivants :

a. La prise en charge de la spécificité humaine à travers le phénomène culturel, conduit nécessairement à la perspective historique. Seuls les esprits superficiels, ceux qui ne tiennent pas compte du contenu des actes des hommes, ceux qui en restent à la simple « forme » de ces actes sans envisager leurs conséquences, peuvent croire qu'il n'y a jamais « rien de nouveau sous le soleil ».

b. L'intérêt pour l'histoire concerne donc ce qui s'y fait, s'y construit. C'est donc l'histoire dans sa « matérialité » qui est en jeu. Ce sont des réalités concrètes qui s'y font et s'y défont : des empires ou des États, avec leurs mœurs, leurs constitutions, leurs systèmes religieux, leurs formes d'art, etc.

c. Il est enfin nécessaire de saisir le véritable but du devenir culturel. Celui-ci ne saurait être purement « empirique », c'est-à-dire défini en fonction des seules exigences de l'expérience humaine immédiate. Il ne saurait être limité par un point de vue trop humain, qui l'enfermerait dans le cercle des besoins naturels ou psychologiques. Le vrai but appelle nécessairement la considération philosophique.

Définition « abstraite » de l'esprit : la liberté de l'esprit est le principe d'explication de l'histoire

« C'est l'Esprit qui a déclenché l'histoire... » Cette formule demande élucidation. En effet, pourquoi l'histoire a-t-elle lieu ? Pourquoi s'est-elle déroulée telle que nous pouvons l'observer ? A ces questions, Hegel croit pouvoir apporter la réponse en identifiant le principe conducteur de l'histoire, ce qu'il appelle « l'Hermès, le conducteur des peuples », c'est-à-dire l'Esprit. Il y a une histoire parce qu'il y a un être qui s'arrache à la torpeur naturelle et cherche à s'affirmer dans la parfaite conscience qu'il a de lui-même.

L'examen de ce point de vue débouche sur ce que Hegel appelle la « définition abstraite » de l'Esprit. Le terme abstrait est pris ici dans son sens courant, non technique. Il désigne ce qui est général à une multiplicité concrète. Il s'agit de saisir ce qui est commun à toutes les manifestations de l'Esprit, c'est-à-dire à toutes les formes culturelles créées par les peuples au cours de l'histoire. Dans toutes ces formes, il est possible d'appréhender le même principe se concrétisant chaque fois d'une manière différente : l'Esprit se manifestant dans sa liberté.

L'opposition entre l'Esprit et la Nature, entre l'histoire et la Nature, entre l'homme et l'animal, va jouer ici un rôle décisif. Hegel va montrer qu'il y a une histoire parce qu'il y a un être qui ne peut s'exprimer dans la Nature, qui ne s'y trouve pas *chez lui* et qui cherche donc à s'en arracher .

Pour le moment, il s'agit de comprendre pourquoi l'Esprit s'arrache à la Nature pour « déclencher l'histoire ». La raison en est claire : c'est parce que la Nature nie sa liberté. La situation de l'homme traduit cette exigence. Celui-ci est libre, par définition. Il est destiné à être libre et donc à s'affranchir de toute forme de limitation ou de servitude. Et, c'est parce qu'il est voué à la liberté qu'il doit s'arracher à l'animalité, vivre selon un autre mode (le mode humain), se réaliser dans un autre monde (le mode culturel). Être libre, dira Hegel, c'est être chez soi, vivre selon la loi que l'on se donne soi-même.

Hegel dira d'ailleurs que c'est le propre de la pédagogie d'opérer dans l'enfant le passage de la volonté naturelle (donc asservie) à la volonté éthique, c'est-à-dire pleinement libre : « elle considère l'homme comme être naturel et montre la voie pour le faire naître à nouveau, pour transformer sa première nature en une seconde qui est spirituelle... »[1].

1. *Principes de la philosophie du droit*, addition au § 151.

L'histoire se présente également comme une sorte de travail pédagogique par lequel l'Esprit passe de la Nature à sa propre réalité, c'est-à-dire parvient à exprimer totalement sa liberté[1].

Approfondissement de la différence entre la Nature et l'Esprit

D'une manière globale, l'ordre naturel est un ordre soumis à la détermination extérieure. C'est un ordre qui ne parvient pas à l'unité intérieure. Hegel ne veut pas dire que la Nature est un désordre, qu'il n'y a pas de lois qui l'unifient et l'harmonisent. Il fait lui-même souvent allusion à Newton pour témoigner de son ordre. Cependant, l'harmonie du monde céleste, par exemple, reste quelque chose d'extérieur aux planètes. Elles obéissent à la loi de la gravitation universelle sans y consentir, sans en avoir conscience. Elles sont mues par une nécessité extérieure qu'elles ne choisissent pas mais qu'elle subissent.

C'est en ce sens que Hegel peut dire qu'« il n'y a pas d'unité dans la matière » ou que celle-ci « cherche son unité ». La Nature est dispersion. Elle ne réalise pas cette unité qui dérive d'un sujet saisissant dans les éléments constitutifs du monde les signes de sa propre réalité, ou des moyens de réaliser ses propres buts. Les êtres naturels n'ont pas d'intériorité à partir de laquelle tout leur être peut dériver comme d'un centre auquel se ramènent tous les points d'une circonférence. Même l'organisme vivant qui représente pourtant la forme la plus complexe des êtres naturels, ne parvient pas à la véritable unité, celle qui dérive de la conscience.

Cela veut dire que l'homme seul (en tant qu'esprit) est capable de se représenter ce qu'il fait, de vouloir au sens propre du terme. L'animal « agit selon son instinct ». Seul

---

1. Hegel dira explicitement que « l'histoire universelle est l'éducation par laquelle on passe de la volonté naturelle à l'Universel et à la liberté subjective » (*La Raison dans l'histoire*, p. 280).

l'homme peut renoncer à cette absence de conscience, à cet aveuglement quant à sa propre réalité et activité. Cela veut dire que l'homme seul peut s'abstraire de tous les buts immédiats que lui dicte la Nature. Hegel mentionne l'exemple du suicide pour illustrer cette différence. Seul l'homme est capable de se suicider, d'abandonner la vie, c'est-à-dire de refuser cette impulsion qui le pousse à vivre en tant qu'être naturel. L'homme seul est capable de « refoulement », dira encore notre auteur. C'est en cela qu'il affirme sa qualité d'être libre. L'animal, quant à lui, demeure totalement abandonné aux lois de la Nature. Il les subit sans pouvoir faire valoir son propre vouloir[1].

C'est donc la capacité de se représenter ses propres buts, de vouloir ce qui lui paraît conforme à sa propre nature, qui permet à l'homme de prendre ses distances vis-à-vis du naturel. Comme nous allons le voir, c'est dans la pensée que se manifeste la véritable dimension de cette capacité, celle qui fait de l'homme le représentant de l'Esprit. Cette capacité de se représenter ses propres buts signifie que, face au monde, l'homme prend conscience de sa propre valeur. Il peut se connaître comme un *Moi*, comme un *Je*, comme un centre intérieur à partir duquel se (re)définit la réalité[2].

Dans cette forme la plus élevée qu'est l'être vivant, la Nature présente une sorte d'esquisse avortée de l'Esprit. Le vivant est, en effet, l'être qui présente une unité que l'on peut rapprocher de celle que réalise l'Esprit dans l'homme. Il n'est pas composé de parties simplement liées entre elles par l'action de forces mécaniques. Les organes sont ajustés les uns aux autres afin de favoriser la conservation et le développement de l'individualité vivante. L'animal sent la présence de « soi » dans chacune de ses fonctions. Tout concourt à sa conservation. Dans

---

1. « ... il demeure toujours négatif, lié à une détermination qui lui est étrangère, à laquelle il ne peut que s'habituer. » (*Principes*, addition au § 5).
2. « ... seul l'homme s'élève au-dessus de la particularité de la sen-sation, jusqu'à l'universalité de la pensée, jusqu'au savoir de soi-même, jusqu'à la saisie de sa subjec-tivité, de son ''je'' - bref, l'homme seul est... différent de la Nature. » (*Encyclopédie*, addition au § 381).

la structuration de son organisme, il est dans un rapport immédiat à soi. Néanmoins, estimera notre auteur, ce sentiment de soi, cette présence à soi dans la totalité de son être, reste en deçà de la conscience de soi. L'animal ne parvient pas à se différencier de la Nature, à opposer son « Moi » à l'ordre qui le constitue.

L'homme seul est capable de rompre avec la Nature, de s'éveiller à une nouvelle forme d'existence. C'est pour cette raison qu'il exprime l'Esprit et qu'il est l'agent de l'histoire. Dans un passage très dense qui se trouve dans les premières pages du texte, Hegel confronte l'expérience humaine et l'expérience animale du désir.

L'homme commence également par être plongé dans la Nature. Il est d'abord être « sentant », être sensible aux objets et aux êtres qui l'entourent. Il est exposé à la satisfaction et à la frustration qui découlent de sa relation à eux. Dans cette situation, il ne distingue pas sa propre existence de celle du monde. Pourtant, à la différence de l'animal, l'homme parvient à la conscience de soi, à la conscience d'une opposition entre le monde extérieur et le monde intérieur. Cette expérience est douloureuse. L'homme est amené à s'interroger sur sa propre existence. Il trouve en lui une « contradiction qui menace de le dissoudre ». Cela veut dire que la séparation d'avec le monde fait de lui un être qui découvre que le monde ne lui donne pas une solidité absolue, qu'il est un être sur qui pèse une interrogation fondamentale. Disons plus simplement que le moment de la conscience de soi est également le moment de l'inquiétude de soi. Qui suis-je et que suis-je ? Cette inquiétude est pourtant un moment décisif. C'est elle qui pousse l'homme à se donner sa propre définition, qui fait de lui un être de désir.

Mais ce désir n'est plus le désir animal. L'animal se contente de satisfaire le besoin tel qu'il est. Il se livre à la Nature au lieu de s'en libérer. Dans le cas de l'homme, il n'en est pas ainsi. Le désir le pousse à s'interroger sur soi, à rechercher un contenu qui soit compatible avec la conscience de soi qui est la source du désir. Ce contenu ne saurait être celui du désir animal. En accédant à la conscience de soi, l'homme accède à la conscience qu'il est autre chose qu'un être naturel. Le désir humain est donc ouverture sur une définition nouvelle de l'homme. Hegel fait ici allusion à une complexe analyse (développée dans la *Phénoménologie* et dans l'*Encyclopédie*) qui montre comment l'homme désire être reconnu comme sujet libre. Ce désir qui traduit la spécificité humaine, commence par l'affrontement entre les hommes : chacun cherche à voir l'autre le reconnaître dans sa qualité d'être libre, à s'affirmer comme maître. Mais Hegel montrera aussi que ce désir trouvera sa réalisation dans la découverte de la valeur universelle de chaque homme. Comme nous le verrons, l'histoire exprimera cette découverte dans la mesure où elle conduit progressivement d'une société humaine où existe la servitude à celle où tous les hommes sont reconnus comme également dignes et libres.

Cette analyse de la différence entre l'animal et l'homme rend compte de la nature de l'Esprit. Celui-ci est précisément l'être qui est capable d'être sujet, de poser ses propres exigences, d'échapper à la détermination extérieure. Et, c'est à partir de ce point de vue, que l'on peut comprendre que son essence est la liberté. Il est l'être qui détermine sa propre réalité.

L'Esprit n'est cependant cette capacité d'autodétermination que parce qu'il est *pensant* : « L'Esprit est la pensée en général et l'homme se distingue de l'animal par la pensée »[1].

La pensée comme dimension essentielle de la liberté de l'Esprit

Ce qu'il faut donc saisir, c'est le lien indissoluble qui existe entre la pensée et l'Esprit. Celui-ci ne dépasse la Nature que parce qu'il est capable de connaître ce qu'il est virtuellement, « *en soi* », c'est-à-dire sous une forme non encore révélée, développée. L'homme, en tant qu'être encore naturel est déjà Esprit « en soi ». Sa tâche sera donc de découvrir sa vérité, c'est-à-dire qu'il est un être libre qui ne saurait ni être esclave de la Nature, ni esclave d'un autre homme. Cette vérité, il ne peut la découvrir

1. *Principes*, addition au § 4.

que par la pensée. Ou, plus exactement, c'est la pensée qui lui fait découvrir le sens fondamental de son activité, lui révèle que celle-ci est libératrice.

Pour Hegel, penser, ce n'est pas simplement enregistrer ce qui est, le réduire à des notions générales et abstraites. Penser, c'est appréhender ce qu'il y a d'essentiel dans la réalité aux dépens de ce qui se donne immédiatement pour vrai. Et l'essentiel, c'est l'universel, la vérité qui fonde toute forme de réalité. En accédant à la conscience de soi, l'homme devient capable d'accéder à la pensée de ce qu'il y a d'universel en lui. Il découvre qu'au-delà de la diversité qui caractérise chaque homme et qui provient de la Nature (chaque homme a des tendances, des désirs, des penchants particuliers, ou se trouve dans une situation particulière : un tel est fort, l'autre faible, un tel est maître, l'autre esclave), il y a une définition universelle de l'homme. Cette définition ne peut être saisie d'une manière totalement adéquate que par la pensée car elle exprime la qualité même de l'homme en tant qu'Esprit : être un sujet pensant, un sujet libre parce que pensant.

La pensée révèle donc l'homme à lui-même, lui manifeste sa propre identité : il est l'être qui porte en lui sa propre vérité, donc il est libre. C'est bien en ce sens que la pensée n'est possible que dans la mesure où intervient une opposition entre le Moi et le monde, où l'homme peut « glisser » sa propre réflexion entre lui-même et le réel qui le constitue. Cette réflexion consistera à opposer une définition intérieure à une définition extérieure de soi, une existence pensée ou réfléchie à une existence de fait. C'est en ce sens que, par la pensée, l'homme se libère des limitations. Ce sont les hommes qui vivent sous une forme de despotisme qui, dans la conscience de leur servitude, tentent de concevoir les conditions d'une communauté libre.

Cette universalisation n'aurait cependant aucun sens si elle ne débouchait pas sur un processus d'extériorisation. L'homme qui se pense comme être libre, qui « invente un monde libre », tient dans cette définition : la « matière de son agir ». Ce qu'il pense, c'est aussi ce qu'il doit vouloir. La liberté ne saurait se réduire à l'intériorité, se cantonner dans l'utopie, dans la pensée rêveuse. Hegel fera le procès de cette liberté réduite à un vœu intérieur. La pensée authentique, donc la liberté authentique, est également volonté. Et la volonté n'est libre que lorsqu'elle pose elle-même ses propres objectifs, lorsque ceux-ci ne lui sont pas dictés par quelque chose d'extérieur.

Ce lien étroit entre la liberté et la pensée nécessite cependant un éclaircissement. Hegel ne veut nullement dire que l'homme se réduit à la seule intelligence et que l'histoire ne serait donc que la mise en œuvre d'une pensée qui lui préexisterait. L'activité des hommes s'appuie la plupart du temps sur des sentiments, des passions, des habitudes inscrites dans leur pratique sous forme de mœurs, de coutumes, de dispositions générales. Les sentiments, les mœurs, les passions mêmes, ne contredisent pas le contenu de la pensée. Ils l'expriment. Seuls certains hommes parviennent à la compréhension conceptuelle du contenu de la culture. Ce sont eux qui explicitent le sens de cette culture par rapport à l'Esprit. Ce sont eux aussi qui font apparaître les insuffisances de celle-ci, l'exigence d'un approfondissement ultérieur de l'Esprit.

L'Esprit en soi et pour soi

Deux notions techniques seront introduites par Hegel pour traduire cette « définition abstraite » de l'Esprit que nous avons tentée d'analyser.

L'Esprit est un être *pour soi*. On peut prendre ce terme dans son sens le plus immédiat. L'Esprit est un « pour soi » signifie qu'il est rentré en lui-même, qu'il pose sa propre définition, qu'il maîtrise sa propre réalité, échappe à la détermination purement extérieure. Il accède au savoir de soi. Ce *pour soi* s'oppose à l'*en soi*, au statut de l'être qui est ce qu'il est sans le savoir. L'être en soi est l'être qui n'a pas découvert son identité, explicité sa vérité. L'Esprit doit passer de l'en soi au pour soi, prendre conscience de sa liberté, rentrer en soi-même afin de trouver, dans l'intériorité, par la pensée, le principe de sa réalité. Connais-toi toi-même, disait Socrate ! Ce mot d'ordre exprime également la dimension de l'Esprit. Les hommes, au cours de leur histoire, ont d'ailleurs mis des millénaires avant d'accéder au *pour soi* accompli, au savoir de soi dans sa vérité. Ils ont commencé par subir la Nature, par rester submergés par la réalité immédiate qu'elle leur donnait. C'est pour cette raison que l'esclavage et différentes formes de servitude ont existé, en contradiction avec la vérité de l'homme. Une fois cette vérité découverte, elle ne devait pourtant pas rester un pur savoir. Elle appelait une mise en application dans l'existence vivante des hommes. L'Esprit doit être *en soi et pour soi*. La vérité découverte par l'Esprit rentré en lui-même, doit acquérir la consistance qu'impliquait déjà l'être *en soi*. Il faut qu'elle devienne quelque chose de réel, d'effectif.

Hegel dira encore que l'homme doit être *idéellement* ce qu'il est réellement, que sa vérité réside dans *l'idéalité*. Cela veut dire que l'homme doit penser ce qu'il est, dissoudre ce qu'il est avant toute réflexion, et le ramener à une définition universelle que la pensée seule est capable d'exprimer.

L'esprit dans sa forme concrète : les peuples et les esprits des peuples

Principe de l'histoire, dynamisme qui introduit la rationalité dans le monde, l'Esprit n'est cependant pas quelque chose d'abstrait. Nous avons déjà largement insisté sur le rapport étroit qui existe entre l'Esprit et l'existence humaine : c'est dans les formes culturelles qu'édifient les hommes que l'Esprit se manifeste. C'est à travers elles qu'il accomplit son œuvre de développement de soi, qu'il explicite comme résultat ce qu'il commence par être en germe. Ce lien permet de concevoir le processus historique dans sa réalité concrète. Chaque culture présente des traits originaux. Leur succession permet ainsi de suivre la trame du développement de l'Esprit. Celui-ci progresse dans la conscience qu'il a de lui-même en s'inscrivant dans les cultures successives qui marquent le cours de l'histoire universelle.

L'Esprit et les Esprits des peuples

Si ce sont bien les individus qui forment une culture donnée, la mettent en œuvre par leurs actions et leurs représentations, il y a cependant un « esprit » général qui imprègne celles-ci, unissant les individus au sein d'une communauté vivante. C'est à travers cette communauté que l'Esprit s'exprime comme Individu, comme Sujet. Si l'homme est l'agent de l'Esprit, c'est moins en tant qu'individu particulier qu'en tant que membre d'une collectivité. Vivre humainement, c'est vivre dans une culture donnée, se conformer à certaines mœurs, participer à une certaine forme de religion, goûter certaines formes d'art, vivre dans une certaine forme d'organisation politique. Que l'individu le veuille ou non, il est poussé à participer à la culture dans laquelle il est né.

C'est dans cette perspective que Hegel déclarera que l'Esprit se manifeste dans l'histoire sous la forme de peuples. Les grandes cultures historiques expriment chacune une forme concrète d'existence humaine actualisée par un grand peuple. Chacune exprime une étape du devenir de l'Esprit et exprime donc l'Esprit d'un peuple, l'Esprit incarné dans un peuple particulier.

Au-delà des individus humains, il y a donc cet Individu universel qu'est l'Esprit. Celui-ci s'exprime toujours dans la vie d'un peuple, dans ce qui fait le propre de cette vie : un certain ensemble de manières de régler les rapports entre les hommes et la Nature, etc., bref, une manière « humaine » de vivre[1].

Bien qu'unique, l'Esprit offrira chaque fois un visage différent, c'est-à-dire apparaîtra comme Esprit particulier, ou plus exactement particularisé par le peuple dans lequel il s'exprime. Par ses caractéristiques propres, celui-ci lui fournit le moyen de se donner une figure concrète.

---

1. Hegel ne valorise pas l'individu comme tel. Mais cela ne veut pas dire qu'il doit être nié, broyé par une force anonyme. Dans sa particularité même, l'individu est capable de se mettre au service de l'universel, soit par ses actes, soit par les formes de sa conscience. Seule l'individualité qui prétend s'opposer à l'universel, donc nier la liberté, se heurte aux exigences culturelles.

Cela ne veut pas dire que le développement de l'Esprit se déroule comme une sorte de mouvement mécanique préétabli. A travers la vie des peuples, à travers les péripéties de leur histoire particulière, l'Esprit se cherche et semble parfois errer avant de trouver la forme qui manifestera un visage nouveau de sa réalité. L'histoire connaît des périodes troublées, où le désordre et la violence dominent. Hegel utilisera une image frappante pour traduire ce travail de l'Esprit se cherchant lui-même à travers le cours de l'histoire, la vie des peuples. Il comparera l'Esprit à une taupe creusant son chemin dans l'obscurité avant de parvenir à la lumière.

Ne joueront donc un rôle historique (manifesté par la puissance militaire et politique, par l'influence culturelle) que les peuples « habités » ou « visités » par l'Esprit, ceux dont les traits ou les caractéristiques se sont révélés favorables à une étape de son développement. Les peuples dont les caractéristiques n'offrent aucune possibilité de réalisation de l'Esprit, ne joueront aucun rôle dans l'histoire. Ceux qui ne parviennent à offrir qu'un pâle reflet d'un principe de l'Esprit, resteront effacés ou se verront supplantés.

Ce qui importera dans la vie d'un peuple, ce seront ses œuvres. « Les peuples sont ce que sont leurs actes. » En effet, ceux-ci manifestent l'activité de l'Esprit, le mouvement par lequel il est « extérieurement » ce qu'il est « intérieurement ». A chaque moment de son développement, l'action de l'Esprit consistera à « faire de soi un monde objectif, déployé dans l'espace. Sa religion, son culte, ses mœurs, sa constitution et ses lois politiques, l'ensemble des institutions, des événements et des actes : tout cela, c'est son œuvre, et c'est bien cela qu'est (un) peuple ». C'est le même principe qui s'exprime dans tous ces éléments. Ceux-ci sont les branches, les fleurs et les fruits qui dérivent d'une même racine.

Chaque Esprit d'un peuple représente donc la silhouette qu'acquiert l'Esprit à un moment donné, à la fois en fonction de son propre développement interne, et en fonction des possibilités concrètes qui lui offre ce peuple pour manifester une étape de ce développement. L'étude philosophique de l'Esprit d'un peuple nécessite donc autant la compréhension de la logique interne du développement de l'Esprit que la prise en charge des facteurs géographique et anthropologique qui caractérisent ce peuple et font de lui le moyen de réalisation d'une étape de ce développement. Ce moyen ne saurait décider de la vérité de l'Esprit. Il n'est qu'une étoffe dans laquelle l'Esprit taille son propre habit, afin de se concrétiser sous la forme d'un ordre et d'une communauté vivants.

Approfondir la notion d'Esprit d'un peuple, c'est donc « se réconcilier avec la caducité », comprendre comment l'Esprit découvre sa vérité immuable à travers des « figures périssables ».

Vie et mort des Esprits des peuples

Hegel dira que l'Esprit d'un peuple est une nation. Il retient ainsi l'idée d'une certaine implantation naturelle des peuples qu'implique le terme nation. Mais en même temps, il veut en corriger la signification trop restrictive. La notion traditionnelle exprime essentiellement un sens proche de l'étymologie : la nation est formée par un groupe d'hommes auxquels on peut attribuer une origine commune, qui sont nés *(nascere, nasci)* sur un même sol et possèdent de ce fait, des traits communs, notamment un langage commun. Cette même origine forme la « détermination naturelle » du peuple. Elle ne suffit cependant pas à rendre compte de la signification véritable de la nation. Sur la base d'une origine naturelle, la nation manifeste les différents aspects d'un principe spirituel.

Le principe qui définit l'Esprit d'un peuple est donc naturel et spirituel à la fois. Il montre comment la Nature devient le moyen, l'instrument qui permet d'exprimer ce qui n'est plus naturel mais spirituel. La Nature est ici mise au service de l'Esprit afin de produire cet individu concret qui manifeste l'universel : un peuple, un Esprit populaire[1].

Cette étroite union entre les facteurs naturels et un principe spirituel décide de l'existence même du peuple. Toute sa vie est dominée par un but : exprimer de manière éclatante et reconnue la tendance qu'il porte en lui. Toute sa vigueur est mobilisée en sa faveur. En d'autres termes, ce qui le fait exister comme peuple concret face à d'autres peuples, ce qui le fait affronter ceux-ci sur le terrain politique ou culturel, c'est précisément ce but. Il ne mobilise toutes ses ressources naturelles que pour faire triompher le principe spirituel dont il est le porteur.

Cependant, quoique la vie d'un peuple exprime la vitalité de l'Esprit, celui-ci n'échappe pas au destin de toute vie naturelle. Il est destiné à naître, à croître et à mourir. Les forces qui l'animent apparaissent, s'accroissent, puis déclinent. Un peuple, en tant qu'être naturel, est soumis au destin de tout être naturel.

De même que l'homme ne parvient pas à réduire la causalité extérieure, de même un peuple y reste soumis. L'individu humain n'échappe ni aux lois physiques ni au destin biologique. Il est notamment voué au vieillissement et à la mort. Il en va de même pour une nation. Si l'homme ne subsiste comme Esprit que parce qu'il est aussi un vivant, la nation n'existe que parce qu'elle trouve elle aussi dans la Nature le support de son existence spirituelle : elle n'existe que par les individus qui la composent, avec leurs dispositions naturelles favorisées par le milieu dans lequel ils se trouvent placés. La nation résiste cependant mieux que l'individu à l'action des forces naturelles, notamment à l'action des causes extérieures qui menacent son autonomie. Ce sont, en effet, les individus qui amortissent pour elle les effets de ces causes. Les catastrophes, les destructions, les maladies qui touchent une nation n'ébranlent pas la nation elle-même. Elles touchent les individus. Ce sont eux qui seront mis à contribution :

Note de la page 34

1. C'est ainsi que selon Hegel les peuples germaniques, c'est-à-dire les peuples qui ont leur origine dans l'Europe du Nord et de l'Est et qui furent les envahisseurs et les destructeurs de l'Empire romain, ont su, par leurs dispositions naturelles, par leur tempérament, fournir un terrain favorable à l'épanouissement d'une forme décisive de l'Esprit : celle qu'avait annoncée le Christianisme. C'est le sens de l'intériorité, de la liberté individuelle, qui formait, en effet, un de leurs traits fondamentaux.

ils seront voués à travailler davantage, à mourir plus jeunes et plus nombreux, à donner naissance à davantage d'enfants.

Et pourtant, aucune nation ne jouit d'une invulnérabilité totale. Les ressources qu'elle puise dans la vie des individus finissent également par s'épuiser. Alors sa vie s'étiole, se corrompt.

Ce destin naturel de l'Esprit d'un peuple ne contredit cependant pas le travail de développement de l'Esprit. La naissance et la croissance d'un peuple correspondent à l'éveil et à l'épanouissement d'une forme de l'Esprit du monde. Lorsque celle-ci s'est accomplie, lorsque toutes les énergies ont été épuisées dans la poursuite du but qui dynamisait souterrainement toute la vie du peuple, le déclin peut survenir. La mission du peuple est accomplie : « Il n'a plus rien à faire dans le monde. » Sa mort scande la marche de l'Esprit qui renaît sous une forme nouvelle, qui appelle la vitalité d'un autre peuple. L'Esprit n'est pas soumis à la répétition qui est la loi de la Nature (une espèce survit à travers la succession des générations). La mort d'un Esprit du peuple n'a rien de scandaleux, car elle signifie simplement disparition d'une *forme limitée* de l'Esprit, appelant la naissance d'une « *forme nouvelle et supérieure* ».

Les formes de la décadence

La mort de l'Esprit d'un peuple ne se manifeste cependant pas de la même manière que la mort de l'individu. Elle ne signifie pas nécessairement décomposition et destruction. Elle se manifeste davantage comme un phénomène de décadence ou de survivance plus ou moins stérile. Des structures archaïques pourront subsister en vertu de leur inertie propre. Ce qui les caractérisera, ce sera la « nullité politique », la sclérose (l'habitude). Elles deviendront des forces de résistance au développement de l'Esprit, après en avoir été les forces vives. Ainsi, par exemple, les institutions féodales subsistent dans l'Allemagne du début du XIXe siècle. La vie de l'Esprit les a quittés depuis longtemps et elles font obstacle à la transformation politique de ce pays.

Les institutions mortes peuvent donc poursuivre une existence fantomatique qui a perdu toute raison d'être. Aussi convient-il de faire effort pour les détruire ou pour les faire servir de matériau à la réalisation d'un principe supérieur. C'est en ce sens que la conquête par une nation étrangère peut également être le symptôme de la mort de cette nation. La conquête de la Grèce par les armées romaines montrera comment une forme nouvelle de l'Esprit se nourrit des survivances d'une autre plus ancienne, devenue caduque.

La mort d'une nation peut encore prendre une forme plus dynamique et se manifester par la corruption interne, par l'autodestruction. Hegel n'hésite pas à parler de suicide. Le peuple ne se contente plus de s'étioler ou de subir la violence extérieure. Il se saborde, serait-on tenté de dire. Tel fut le cas de la Grèce qui vit naître le principe de sa propre corruption, c'est-à-dire le principe de la libre individualité. Au temps de son apogée, la cité grecque mit en œuvre une forme de vie politique qui unissait immédiatement la vie de l'individu à celle de la cité. La vie politique grecque présupposait une union spontanée entre les individus libres et la communauté. Elle excluait la conviction subjective, la possibilité de se référer à sa propre conscience, à sa propre pensée (ou à son propre intérêt) pour décider de ce qui est juste et bien. Or, le principe de la subjectivité est apparu en Grèce à la fin du Ve siècle avant Jésus-Christ. Cette apparition marque indiscutablement la fin de la belle unité de la cité grecque. Le principe subjectif n'y a pas sa place. Ce sera le propre du monde romain et surtout du monde germanique, de faire de la subjectivité un fondement décisif de l'existence humaine, de développer un monde reposant sur la médiation de ce principe. Mais la Grèce y trouve le ferment de sa propre destruction.

La transition d'un monde à un autre

C'est au moment où l'Esprit d'un peuple meurt que l'Esprit découvre les limites d'une certaine manifestation de soi. La décadence est le moment de la réflexion, du retour sur soi. C'est le moment où naissent les « sciences », notamment la philosophie. La décadence provoque la rupture avec le monde. L'individu n'est plus plongé dans une culture vivante qui lui permet de trouver le sens de sa vie. Il devient étranger à ce monde, livré à sa propre particularité. C'est dans ce contexte que la philosophie peut se déployer. « Si donc la philosophie doit se produire, il faut qu'il y ait rupture avec le monde réel[1]. »

La philosophie participe de la vie d'un peuple, mais en même temps, elle en expose le bilan. Elle ne peut jamais dire comment le monde doit être, car elle vient toujours trop tard. « La chouette de Minerve ne prend son vol qu'à la tombée de la nuit », dira Hegel à son sujet[2]. La philosophie est donc pensée de ce qui s'est passé. Mais celle-ci est conservation et dépassement en même temps. En pensant la vie d'un peuple, elle l'évalue, c'est-à-dire en exprime l'essence. Elle saisit la signification universelle de ce qui a été. Elle en nie la dimension particulière pour exprimer l'universel. Ainsi, par exemple, Platon dans sa *République*, ne construit pas une utopie, n'édifie pas une politique idéale. Il pense la vérité du monde grec, il hisse ce monde à sa dimension universelle. Cette pensée universelle dépasse ce qui est parce qu'elle introduit un principe que le monde qui est en train de mourir, n'a pu exprimer, et dans lequel il trouvait un élément corrupteur : la libre pensée comme expression de la subjectivité. La philosophie révèle ainsi le décalage, ou plutôt la contradiction, entre le monde existant et un principe plus élevé qu'introduit la pensée. Cette contradiction appelle sa résolution dans l'émergence d'un autre Esprit d'un peuple, d'une autre culture.

1. Introduction aux *Leçons sur l'histoire de la philosophie*, cité par J. d'Hondt, *Hegel philosophe de l'histoire vivante*, p. 194.

2. *Principes*, Préface.

Le moment de la décadence d'un peuple est donc également celui où devient possible la révélation d'un principe nouveau que réalisera un autre peuple. Cette révélation peut trouver son expression dans la philosophie. Mais elle peut également la trouver dans la religion. Ce sera le cas au sujet de l'empire romain qui trouvera dans le Christianisme le principe qui annonce sa ruine.

Dans sa floraison même, chaque peuple historique produit ainsi le principe qui le nie comme manifestation achevée de l'Esprit. Cette contradiction, mortelle pour un peuple donné, est en revanche le signe de la fécondité de l'histoire. Elle permet à l'Esprit de s'y faire jour, de progresser dans la conscience de sa liberté, de dépasser toute forme partielle de celle-ci.

De l'Orient à l'Occident : les étapes historiques du progrès de la liberté

L'Esprit doit donc s'éduquer à sa propre vérité. Il doit « expérimenter » sa réalité, affronter les épreuves de la manifestation de soi comme épreuves de la méconnaissance et de la reconnaissance de soi. Cette « expérimentation » se traduit géographiquement et structurellement : l'histoire commence à l'Est et s'achève à l'Ouest, elle débute avec des sociétés où n'est reconnue que la liberté d'un seul et elle finit avec des sociétés dans lesquelles tous les hommes sont libres. En commençant en Orient par un ordre « despotique » et en s'achevant en Occident par un ordre fondé sur une constitution garantissant la liberté de tous, l'histoire administre la preuve que l'esclavage et la servitude politique sont incompatibles avec la définition de l'Esprit (ou de l'homme). Elle prouve que la domination de l'homme par l'homme ne saurait être le fondement de l'organisation des sociétés humaines[1].

1. « L'esclavage est une injustice en soi et pour soi, parce que l'essence de l'homme est la liberté. Mais pour arriver à la liberté, l'homme doit acquérir d'abord la maturité nécessaire. » (*La Raison dans l'histoire*, p. 260).

L'histoire commence ainsi avec le monde oriental où « un seul homme est libre », c'est-à-dire où la liberté n'est qu'en soi, où les hommes ignorent encore leur véritable qualité. Le monde oriental forme déjà un monde où l'Esprit est présent, mais sans avoir trouvé sa vérité. Il offre le spectacle d'un univers organisé dans lequel les hommes sont unis par des valeurs communes. Néanmoins, cette communauté repose sur la volonté d'un seul homme (l'empereur). Les individus ne sont que ce que veut l'empereur. Ils n'ont pas d'existence propre, pas d'individualité.

L'homme n'est cependant pas destiné à rester enfant, à demeurer soumis à l'autorité particulière d'un autre homme. Il doit sortir de la torpeur dans laquelle le plonge la pure obéissance. La volonté individuelle doit s'affirmer et trouver en elle-même, non pas la dictée du caprice, mais le contenu universel de la liberté.

L'histoire ne franchit pas d'un bond le fossé qui sépare le monde oriental du monde moderne qui est celui proclamant la reconnaissance universelle des droits de chaque homme. Elle connaît d'abord des peuples chez lesquels le contenu de la liberté n'est pas encore universel, tout en cessant de se définir par référence à la volonté naturelle d'un seul.

Le monde grec et le monde romain seront des cultures dans lesquelles l'individualité trouvera sa place. Mais, ce ne sera pas encore l'individualité accomplie, celle qui s'affirme dans la conscience de sa capacité à exprimer l'universel. C'est une individualité qui reste encore limitée. Ainsi, l'homme grec se définit essentiellement comme citoyen libre. Mais cette liberté ne se fonde sur aucune réflexion. Elle trouve sa possibilité dans cette donnée naturelle qu'est l'existence de la Cité, dans l'harmonie plus ou moins spontanée qu'elle crée entre les individus et la collectivité. En outre, la liberté des citoyens se paie du prix de l'esclavage : le citoyen peut participer à la vie politique parce que les esclaves travaillent pour lui. Le monde grec ne sait pas encore que tous les hommes sont libres. Il ne connaît que la liberté de quelques uns, parce qu'il ignore encore la véritable nature de la liberté.

Hegel assimilera le monde romain et le monde grec, bien que de profondes différences les séparent. C'est parce que, du point de vue de la liberté, le monde romain connaîtra une situation semblable à celle du monde grec : seuls quelques uns y sont libres.

Le principe de la liberté universelle de tous les hommes sera introduit par le Christianisme. Apparu vers la fin du monde romain, se développant au cœur-même de ce monde, il soulève la question décisive du contenu de la définition de l'homme. L'homme chrétien, estimera Hegel, est celui qui prend conscience de la dignité infinie de tout homme, bien qu'il commence par situer l'accomplissement de celle-ci dans un au-delà. Mais cette fuite est, en réalité, la possibilité d'un approfondissement de soimême qui prépare l'édification d'un monde réel. L'homme chrétien incarne historiquement le triomphe de la subjectivité, du sujet qui trouve en lui-même le contenu de ce qui est vrai et juste. La morale kantienne, fondée sur l'autonomie du sujet moral, exprimera philosophiquement ce point de vue.

Durant des siècles, le monde germanique travaillera à approfondir ce principe, à en faire la base d'édification du monde politique. Le Moyen Age, la Réforme, le Siècle des Lumières, la Révolution française avec ses conséquences pour l'ensemble de l'Europe, formeront les temps forts de cet approfondissement. Ils conduiront à la construction d'un monde dans lequel tous sont censés pouvoir être effectivement libres.

La réconciliation de l'idéal et du réel

Dans la dernière partie du texte, Hegel reformule sa pensée en introduisant un point de vue qui éclaire d'un jour nouveau sa position ; la compréhension philosophique de l'histoire est réconciliatrice, elle est pensée de la réalisation de tout véritable idéal. Plus simplement, notre auteur veut montrer que l'homme n'est pas voué aux aspirations insatisfaites.

Il prend néanmoins soin de préciser ce qu'il entend par cette réconciliation de l'idéal et du réel. Si l'idéal s'apparente à une rêverie subjective, sécrétée par l'imagination, il est certain qu'il aura peu de chances d'être réalisé par le cours de l'histoire. Notre philosophe n'a guère d'estime pour les âmes romantiques et déchirées, atteintes de la « phtisie de l'esprit », qui ne cessent d'être en désaccord avec elles-mêmes et avec le monde[1]. L'idéal n'a rien à voir avec l'arbitraire individuel, mais exprime la poussée en avant de l'Esprit, la pensée authentique.

L'histoire ne peut, certes, manquer de produire l'idéal, le désir d'un mieux, d'une forme plus authentique d'existence. Le développement de l'Esprit est négation de ce qui est limité, émergence de principes qui dépassent ce qui n'est pas conforme à la plénitude de l'Esprit. Mais, la Raison n'est pas impuissante au point de ne pouvoir se réaliser. L'idéal, en tant que pensée de ce qui est rationnel ne doit pas rester une aspiration. Il a la force de se concrétiser dans des institutions, dans lesquelles la Raison se réconcilie avec elle-même. Seul reste pur idéal celui qui s'accompagne d'une illusion sur la nature de la Raison.

Hegel précisera encore que la réalisation de l'idéal ne signifie pas davantage consécration du bonheur individuel. Elle ne signifie pas que le monde doit se plier aux

1. La critique des idéalistes qui opposent irréductiblement l'idéal et le réel, est un thème constant chez Hegel. C'est un thème qui prend son sens en référence au milieu intellectuel allemand contemporain de notre auteur. Dans la Préface de sa *Phé-nomologie*, il reprochera aux penseurs de son temps de faire de la philosophie une démarche simplement édifiante, condamnée à suggérer des idéaux vides et incapables de penser la présence du sens au cœur du réel.

désirs des hommes. C'est le « fond substantiel et solide des choses » qu'il faut considérer, l'ordre des choses détaché des intérêts trop particuliers. Tout ce qu'un esprit capable de se hisser à l'universel pourra considérer sera réalisé. Quant à ce qui relève des intérêts particuliers, trop de circonstances contingentes interviennent dans leur satisfaction[1].

Ce fait ne discrédite pourtant pas la thèse de la réconciliation. La réalisation de l'Esprit ne concerne pas tous les détails. Elle touche ce qui est essentiel : en tant qu'être dont la vie est capable d'être conforme à la pensée, l'homme trouve dans la réalité ce qu'il y cherche. Sa satisfaction sera d'autant plus grande qu'il sera davantage capable de se hisser à la pensée. Il n'y a là nulle résignation, nul accomodement avec le réel. La philosophie n'est pas destinée à consoler les hommes, comme certains ont pu le croire. Elle est la possibilité de concevoir que le monde est ce qu'il doit être.

C'est pourquoi notre auteur peut dire que la philosophie « transfigure le réel qui paraît injuste ». Elle ne « l'interprète » pas afin de le rendre acceptable. Elle le présente tel qu'il est dans sa texture rationnelle, afin que l'homme puisse comprendre que la satisfaction véritable est à portée de main.

Cette réconciliation de l'homme et du monde le conduit finalement à dire que l'histoire n'est rien d'autre que le « plan » de la Providence divine. Il ne s'agit pas de réintroduire l'idée d'une action extérieure à l'histoire, au processus immanent qui la définit. Hegel ne fait appel à l'idée de Providence que pour mieux se faire comprendre de ses auditeurs, pour lesquels, à son époque, cette référence était tout à fait parlante. Il exprime donc métaphoriquement ce que sa philosophie expose conceptuellement.

---

1. La satisfaction sensible, le bonheur, ne sont cependant pas exclus par Hegel. Ils doivent autant que possible faire partie de la vie. Et ils en font partie lorsqu'ils sont en mesure de se concilier avec l'universel. C'est le bonheur ou l'intérêt (ou encore la passion) opposés à l'uni-versel qui deviennent aléatoires. « L'intérêt particulier ne doit pas, en vérité, être mis de côté ou encore réprimé, il doit être mis en accord avec l'universel, accord par lequel il est préservé ainsi que l'universel. » (Principes, § 261).

Conclusion

Par sa tentative de penser l'accomplissement du rationnel dans le monde, de penser le problème de la liberté en termes de réconciliation avec le réel par-delà les contradictions et les obstacles, la philosophie hégélienne n'a pas manqué d'exercer une séduction sur les esprits. Dans les attaques mêmes dont elle sera l'objet, cette séduction continuera d'agir, puisque ce sera davantage contre certains présupposés de Hegel, contre son « Idéalisme »[1] notamment, que se formuleront les objections, plutôt que contre son intention directrice : la volonté de réconcilier l'homme avec lui-même sur le terrain de l'histoire.

Il n'entre pas dans les vues de cette conclusion d'ouvrir - ne fût-ce que très sommairement - le dossier concernant les héritiers de Hegel, dont les plus célèbres furent incontestablement Feuerbach, Marx et, plus proche de nous, Sartre. Il convenait pourtant de souligner cet héritage qui a lourdement pesé sur l'histoire de l'humanité. La thèse d'une logique de l'histoire conduisant les hommes à se réconcilier avec eux-mêmes, à créer les conditions de la fin de la domination de l'homme par l'homme, à produire les conditions de leur libération, a connu de multiples avatars, même si elle a prétendu se libérer de la tutelle hégélienne. Hegel a exercé une fascination dont la philosophie moderne tente de se libérer et dont Nietzsche avait déjà, à sa manière, entrepris la destruction.

Nous limiterons notre interrogation finale à une seule question. En pensant « cueillir la rose de la Raison sur la croix du monde », Hegel pensait la ramasser sur le sol de l'État moderne, devenu État rationnel, c'est-à-dire État devenu conforme aux objectifs sensés de l'homme.

On ne peut nier que le monde moderne ait produit un État « rationnel ». Sur ce point, Hegel ne s'est pas trompé. Mais que penser de la rationalité de cet État ?

---

1. Nous prenons ici ce terme dans le sens technique qu'il a en philosophie : doctrine qui fait de l'Esprit et non de la matière le principe des choses.

44

LA RAISON
DANS L'HISTOIRE

G.W.F. Hegel
La réalisation de l'Esprit dans l'histoire[1]

Si l'on s'interroge sur la détermination de la Raison en elle-même, telle qu'on peut l'envisager dans son rapport au monde, on peut dire qu'une telle question se ramène à celle concernant le but ultime du monde. Plus exactement, la réponse se trouve donnée lorsque l'on dit que ce but doit être réalisé. Dans cette affaire, il y a deux points à examiner. Il y a, d'une part, le contenu de ce but ultime, c'est-à-dire la détermination même de la Raison. Il y a, d'autre part, la manière dont elle se réalise.

Nous devons tout d'abord observer que ce qui fait l'objet de notre propos - l'histoire universelle - se déroule dans le domaine spirituel. Le monde comprend la Nature physique et la Nature psychique. La Nature physique intervient également dans l'histoire universelle et nous serons amené, dès le départ, à attirer l'attention sur les conditions fondamentales qu'implique la détermination naturelle. Cependant, ce qui est essentiel, c'est l'Esprit et son développement. Nous n'avons pas à prendre ici en considération la manière dont la Nature, en elle-même, se constitue également en système de la Raison, réalisé dans un élément particulier, spécifique, qui n'est pourtant concevable que relativement à l'Esprit[2].

Après la création de la Nature, apparaît l'homme qui constitue l'antithèse de la Nature. Il est l'être qui s'élève dans un univers second. Notre conscience, dans sa généralité, nous éveille à deux domaines : celui de la Nature et celui de l'Esprit. Le

1. Cette première partie forme l'introduction à l'étude philosophique des différentes périodes de l'histoire universelle. Hegel y étudie longuement les concepts fondamentaux qui éclaireront son analyse historique proprement dite. La partie B de cette introduction est précédée d'une partie A intitulée : « Le concept général de la philosophie de l'histoire ». Nous nous limitons ici à cette partie B.
Pour la traduction du texte, nous avons utilisé l'édition établie par Johannes Hoffmeister : G.W.F. Hegel, *Vorlesungen über die Philosophie der Weltgeschichte, Band I, Die Vernunft in der Geschichte* - Herausgegeben von J. Hoffmeister, Verlag von Felix Meiner, Hamburg, 1955. Le titre général du passage a été rajouté par l'éditeur allemand en se fondant sur les indications de Hegel. Afin d'aérer le texte et de le rendre plus lisible, nous avons ajouté les intertitres et les notes.
2. Hegel fait ici allusion à la relation entre la philosophie de la Nature et la philosophie de l'Esprit. Dans la Nature, l'Idée ou la Raison qui se présente sous la forme de l'« aliénation », ne parvient pas à la conscience de soi que l'Esprit parviendra précisément à réaliser. La suite du texte précisera cette différence.

royaume de l'Esprit est celui qui trouve sa source dans l'activité de l'homme. On peut se faire toutes sortes de représentations du royaume de Dieu, mais il s'agit toujours d'un royaume de l'Esprit qui doit se réaliser dans l'homme et qui doit trouver en lui ses conditions d'existence.

Le monde de l'Esprit est celui qui contient tout. Il contient tout ce qui a suscité et suscite encore l'intérêt des hommes. L'homme y est actif. Quoiqu'il fasse, il est l'être en qui l'Esprit agit. Il peut donc être intéressant de reconnaître, dans le cours de l'histoire, l'existence même de la nature spirituelle, c'est-à-dire de voir comment l'Esprit s'unit à la Nature, se réalise dans la nature humaine. Lorsqu'il était question de nature humaine, on se représentait surtout quelque chose de stable dont la description devait concerner tous les hommes, ceux du passé comme ceux de l'époque actuelle. Cette représentation générale peut comporter un nombre indéfini de variations, mais, de fait, l'universel reste une seule et même essence sous les modifications les plus diverses. C'est la réflexion pensante qui néglige la différence et conserve fermement l'universel qui, quelles que soient les circonstances, doit toujours agir de la même manière et présenter le même intérêt. L'universel peut également être identifié dans les formes qui semblent s'en écarter le plus. On peut retrouver l'humain dans les êtres les plus difformes - et le fait qu'un trait d'humanité se conserve en eux apporte un élément de consolation et de réconfort. Dans cette perspective, la considération de l'histoire universelle vient accentuer l'impression que les hommes sont toujours restés semblables à eux-mêmes, qu'en toutes circonstances, leurs vices et leurs vertus sont demeurés les mêmes. Finalement, il semble donc que l'on puisse dire à juste titre, avec Salomon : il n'y a rien de nouveau sous le soleil.

Lorsque nous voyons, par exemple, un homme s'agenouiller et prier devant une idole - attitude que la Raison ne peut que réprouver -, nous pouvons cependant comprendre la disposition intérieure qui est la sienne et que manifeste son attitude, et dire que cette disposition a la même valeur que celle du chrétien qui est en adoration devant l'image du vrai Dieu, ou que celle du philosophe qui, par l'effort de la pensée rationnelle, s'abîme dans sa réflexion sur la vérité éternelle. Seuls changent les objets, mais la disposition demeure identique. De même, lorsque nous prenons connaissance de l'histoire des *Assassins*, d'après le récit qui décrit leurs relations avec leur maître, le vieux de la Montagne, nous voyons qu'ils se sacrifiaient pour accomplir les forfaits de ce dernier[1]. A s'en tenir au point de vue subjectif, leur sacrifice ressemble à celui de Curtius se précipitant dans l'abîme afin de sauver sa patrie[2]. D'ailleurs, si nous croyons à la solidité de ce point de vue, il faut avouer que nous n'avons nullement besoin de nous tourner vers le grand théâtre de l'histoire universelle. Une anecdote bien connue rapporte que César aurait connu les mêmes aspirations et exercé les mêmes activités s'il avait vécu dans une petite ville de province et non sur la grande scène de Rome. Les mêmes tendances et les mêmes ambitions se retouveraient dans une petite ville et sur la grande scène de l'histoire.

Nous voyons que cette manière d'envisager les choses fait abstraction du contenu, des buts de l'action humaine. C'est en particulier chez les Français et les Anglais que l'on rencontre cette indifférence distinguée à l'égard de l'élément objectif. C'est ce qu'ils appellent la manière philosophique de concevoir l'étude de l'histoire. L'esprit cultivé ne peut cependant s'empêcher de faire des distinctions entre les penchants et les tendances qui se manifestent dans un cadre restreint et ceux qui interviennent dans les conflits d'intérêts dont l'histoire universelle offre le spectacle. Ce qui donne son attrait à l'histoire, c'est précisément cet intérêt objectif qui se présente à nous aussi bien à travers les buts collectifs qu'à travers les individus qui les représentent. C'est la ruine et le déclin de tels buts et de tels individus que nous déplorons. Lorsque nous avons devant nous le spectacle du conflit qui opposa les Grecs et les Perses ou celui de l'impétueuse domination d'Alexandre, nous savons très bien ce qui nous intéresse en eux : c'est la libération des Grecs de la barbarie perse, la préservation de l'État athénien, le destin du conquérant qui,

---

1. Les *Assassins* formaient une secte religieuse de l'Islam qui exista du XIe au XIIIe siècle (notamment durant les croisades). Le nom d'Assassins dérive du terme arabe *hachischin*. En effet, les membres de cette secte, qui commit de nombreux meurtres, utilisaient le hachisch comme drogue, lors de leurs actions guerrières.
2. Curtius est un personnage légendaire de l'histoire romaine. Tite-Live rapporte que, vers 393 avant Jésus-Christ, un tremblement de terre avait ouvert un gouffre dans le Forum de Rome. Les oracles ayant prédit que celui-ci serait comblé si l'on y jetait ce qui faisait la force de Rome, un jeune patricien, Marcus Curtius, s'y jeta à cheval et tout armé. Le gouffre se referma après son sacrifice. Le nom de Curtius devint synonyme d'action héroïque et patriotique.

à la tête des Grecs, a soumis l'Asie. Imaginons qu'Alexandre ait échoué dans son entreprise. S'il n'y avait eu là en jeu que des passions humaines, nous n'y aurions certainement rien perdu. Le spectacle de ces passions n'aurait pas fait défaut. Et pourtant, cela ne nous aurait pas satisfait, car nous nous intéressons aux résultats concrets, objectifs.

De quelle nature est donc le but substantiel qui permet à l'Esprit d'avoir un tel contenu essentiel ? L'intérêt concerne quelque chose de substantiel et de précis : une religion, une science, un art déterminés. Comment l'Esprit parvient-il à se donner un tel contenu ? Quelle est l'origine de celui-ci ? La réponse empirique est aisée[1]. Dans la réalité qui l'entoure, chaque individu se trouve immédiatement concerné par un tel intérêt essentiel. Il est membre d'une patrie déterminée, pratique une religion déterminée, participe à une sphère déterminée de savoirs et de représentations qui précisent ce qui est juste et conforme à l'éthique. La seule latitude qui lui est laissée est celle de choisir les sphères particulières auxquelles il voudra appartenir. Néanmoins, le fait de voir les peuples œuvrer pour tel ou tel contenu, être concernés par tels ou tels intérêts, nous place d'emblée sur le terrain de l'histoire universelle dont nous recherchons précisément le contenu. Nous ne pouvons nous contenter de la manière empirique de voir les choses, mais devons poser la question plus décisive qui est de savoir comment l'Esprit se donne un tel contenu, l'Esprit comme tel, c'est-à-dire nous, ou encore les individus, ou encore les peuples. Nous ne devons pas tirer ce contenu d'autre chose que des concepts spécifiques eux-mêmes. Tout ce qui a été dit jusqu'à présent trouve sa source dans la conscience commune. Une autre manière d'exposer les choses est celle qui part du Concept, auquel il faut faire ici simplement référence, car il ne saurait être question de l'exposer dans son développement scientifique[2]. Certes, la philosophie n'ignore pas la représentation commune, mais elle a des raisons de s'en écarter.

1. La démarche empirique est celle qui se contente des données immédiates, dispersées, contingentes, sans les ramener à ce qui est universel. A la définiton empirique s'oppose la définition *pensée* qui saisit l'essentiel, l'universel. « Penser le monde empirique signifie plutôt essentiellement : changer entièrement sa forme empirique et la transformer en un universel... » (*Encyclopédie*, § 50).

2. Hegel rappelle ici ce qu'il a déjà dit au début de cette introduction : la philosophie de l'histoire présuppose la démonstration philosophique de

Notre tâche sera d'envisager l'histoire universelle selon son but ultime. Ce but est ce qui est voulu dans le monde. Nous savons que Dieu est l'être le plus parfait. Il ne peut donc vouloir que soi-même et ce qui est identique à lui. Dieu et la nature de sa volonté sont une seule et même chose. Exposée en termes philosophiques, cette nature s'appelle l'Idée. C'est donc l'Idée en général que nous devons prendre pour objet de notre considération, mais dans l'élément de l'esprit humain. De manière plus précise, il s'agit de l'Idée de la liberté humaine. La pensée est la forme la plus pure sous laquelle l'Idée se manifeste. C'est sous cet aspect que la *Logique* en fait l'étude. L'Idée se présente également sous une autre forme dans la Nature physique. Enfin, une troisième forme de l'Idée est celle de l'Esprit en général[1].

C'est sur le théâtre de l'histoire universelle qui est notre objet, que l'Esprit atteint sa réalité la plus concrète. En dépit de cela, ou plutôt, afin de pouvoir saisir l'élément universel qu'implique cette modalité de sa réalité concrète, nous devons préalablement exposer quelques déterminations abstraites de la nature de l'Esprit. Comme ce n'est ni le lieu ni le moment d'exposer spéculativement l'Idée de l'Esprit, nous ne pourrons procéder que par affirmations, en veillant à rendre notre propos accessible à la culture habituelle de nos auditeurs[2]. Ainsi que nous l'avons déjà fait remarquer, ce qui peut être dit dans une introduction doit, du point de vue historique, être admis au titre d'une hypothèse qui, ou bien a trouvé ailleurs les éléments de sa démonstration et de sa preuve, ou bien trouvera au moins des éléments de sa confirmation par la suite, au cours de notre exposé.

---

l'identité de la pensée et du réel (identité qui définit la notion hégélienne de la Raison). L'objet de cette démonstration est l'objet de la philosophie elle-même. « Mais la seule idée qu'apporte la philosophie est la simple idée de la *Raison* - l'idée que la Raison gouverne le monde… Cette conviction, cette idée est une présomption par rapport à l'histoire comme telle. Ce n'en est pas une pour la philosophie. » Pour l'ensemble du texte, nous renvoyons à la traduction de K. Papaioannou, *La Rai-*

son dans l'histoire, 10-18, 1965 (passage cité, p. 47).
1. Se trouvent rappelées ici les grandes lignes du Système hégélien dont nous avons esquissé l'articulation dans notre présentation.
2. « … le *spéculatif* n'est absolument rien d'autre que le rationnel (…) pour autant que ce dernier est *pensé*. » (*Encycl.*, add. au § 82) La pensée spéculative expose toute chose comme manifestation de la pensée.

La détermination de l'Esprit

La définition abstraite de l'Esprit

Le premier point que nous devons aborder concerne la définition abstraite de l'Esprit. Nous affirmons donc que l'Esprit n'est pas quelque chose d'abstrait, une sorte d'abstraction produite par l'esprit humain. Nous affirmons, au contraire, qu'il est un Individu actif, fondamentalement vivant : il est conscience, mais il est aussi l'objet de la conscience. C'est en cela que réside l'existence de l'Esprit : se prendre soi-même pour objet. L'Esprit est donc pensant et il est la pensée de ce qui est. Il pense la réalité et la vérité de ce qui est. Il est savoir. Or, le savoir est précisément conscience d'un objet rationnel. En outre, l'Esprit n'est conscience que dans la mesure où il est conscience de soi. Cela veut dire que je n'ai une connaissance d'un objet que dans la mesure où j'y retrouve également quelque chose de moi-même, une détermination qui m'est propre. Ainsi, ce que je suis devient aussi objet pour moi. Je ne suis plus simplement ceci ou cela mais je suis ce que je connais. J'ai une connaissance de l'objet et j'ai une connaissance de moi-même : ces deux résultats ne sont pas séparables. L'Esprit se donne donc une représentation déterminée de lui-même, de ce qu'il est essentiellement, de ce qui forme sa nature. Il ne peut avoir affaire qu'à un contenu spirituel. Ce qui est spirituel forme son contenu, son intérêt. Il est donc établi que l'Esprit ne trouve pas son contenu préexistant à son activité. Il se prend lui-même pour objet. Il parvient à un contenu qui n'est autre que lui-même. Le savoir est sa forme et son mode d'être, mais le contenu de ce savoir est précisément le spirituel lui-même. Cela veut dire que la nature de l'Esprit est de rester toujours auprès de soi. En d'autres termes, il est libre.

La nature de l'Esprit se définit par référence à son exact opposé. Nous opposons l'Esprit à la Matière. Nous devons dire que la liberté forme la substance de l'Esprit comme la pesanteur forme la substance de la matière. Chacun admettra immédiatement que la liberté est l'une des propriétés (parmi d'autres) de l'Esprit. La philosophie nous enseigne cependant que toutes les propriétés de l'Esprit ne subsistent que par sa liberté, qu'elles ne sont que des moyens de la liberté, que toutes la recherchent

51

et la réalisent. C'est l'un des apports de la philosophie spéculative de montrer que la liberté est l'unique vérité de l'Esprit. La matière est pesante dans la mesure où existe en elle une tendance à aller vers le centre. Elle est essentiellement composée, formée de parties séparées qui, toutes, tendent vers le centre. Il n'y a donc pas d'unité dans la matière. Elle subsiste comme un ensemble dont les parties sont séparées les unes des autres, et qui cherche son unité. Elle cherche donc à se dépasser elle-même ; elle tend vers son contraire. Si elle y parvenait, elle ne serait plus matière. Elle aurait disparu comme telle. Elle aspire à l'idéalité, car, dans l'idéalité, elle est idéelle[1]. L'Esprit, au contraire, est précisément ce qui trouve en soi son centre. Il tend également vers le centre, mais il est lui-même ce centre. Il ne trouve pas son unité en dehors de lui. Il la trouve durablement en lui-même. Il est en lui-même et demeure chez soi. La matière a sa subsistance en dehors d'elle. L'Esprit, en revanche, est l'être qui reste auprès de soi-même. C'est en cela que consiste la liberté. Lorsque je suis dépendant, je me rapporte à quelque chose d'autre qui n'est pas moi et je ne peux subsister sans cette altérité. Je suis libre quand je ne me rapporte qu'à moi-même.

Lorsque l'Esprit tend vers son centre, il tend à parfaire sa liberté. Cette tendance fait partie de son essence. En effet, lorsque l'on dit que l'Esprit est, on a l'air de dire qu'il est quelque chose d'achevé. Mais, en réalité, il est actif. L'activité est son essence. Il est son propre produit. Il est son commencement et sa fin. Sa liberté n'est pas quiète immobilité, elle signifie, au contraire, perpétuelle négation de ce qui menace de supprimer la liberté. La véritable affaire de l'Esprit, c'est de se produire, de se faire son propre objet, de se connaître soi-même. C'est ainsi qu'il est pour soi. Les réalités naturelles n'existent pas pour elles-mêmes. C'est pour cette raison qu'elles ne sont pas libres. L'Esprit se produit, se réalise selon la connaissance qu'il a de lui-même. Il agit de telle sorte que ce qu'il sait de lui-même, devienne aussi réalité. Tout dépend donc de la conscience de soi de l'Esprit. Lorsque celui-ci sait qu'il est libre, les choses se présentent sous un tout autre jour que lorsqu'il ne le sait pas.

1. Aspirer à l'idéalité, c'est aspirer à la capacité de penser ce qui est, c'est résorber ce qui est limité et dispersé dans l'unité qu'apporte la pensée. C'est accéder à l'unité et à la vérité de ce qui est réel. La matière est précisément incapable de ce passage à l'idéalité, car elle n'est pas pensante, elle n'est pas consciente d'elle-même.

Quand il n'a pas conscience de sa liberté, il est esclave et satisfait de sa servitude. Il ne sait pas que l'esclavage est inadmissible. C'est uniquement le sentiment de la liberté qui rend l'Esprit libre, bien qu'en soi et pour soi il demeure toujours libre.

La connaissance la plus immédiate de soi qu'a l'Esprit, sous la forme de l'individu humain, c'est d'être un être sentant. Dans ce premier cas, il n'y a pas encore d'objectivité. Nous nous sentons déterminés de telle ou telle façon. Je cherche alors à me dégager de cette déterminité et j'en viens à me dédoubler moi-même. Mes sensations délimitent un monde extérieur et un monde intérieur. Se révèle un certain aspect de mon existence : je me sens déficient, négatif, je découvre en moi une contradiction qui menace de me dissoudre. J'existe cependant. C'est pour moi une certitude que j'oppose à la négation, au manque. Je me maintiens dans l'existence et cherche à dépasser ce manque. C'est pour cette raison que je suis désir. L'objet de mon désir devient alors l'objet de ma satisfaction, le moyen de restaurer mon unité. Tout vivant a des désirs. Ainsi, nous sommes des êtres naturels et le désir appartient au monde sensible en général. Dans la mesure où le désir nous met en relation avec les objets, ceux-ci sont des moyens d'intégration. Nous tenons là le principe général de toute attitude théorique et pratique. Mais la perception de ces objets, vers lesquels nous porte le désir, nous plonge immédiatement dans l'extériorité, nous rend extérieurs à nous-mêmes. Les perceptions sont toujours particulières et sensibles, et le désir l'est aussi, quel que soit son contenu. A s'en tenir à cette perspective, l'homme et l'animal se ressembleraient, car dans le désir, il n'y a pas de conscience de soi. Mais l'homme est savoir de soi et c'est par là qu'il se distingue de l'animal. Il est un être pensant. Or, penser, c'est connaître ce qui est universel. La pensée ramène le contenu au simple[1]. Ainsi, l'homme lui-même est ramené à la simplicité, c'est-à-dire ramené à une définition intérieure, idéelle. Ou plutôt, c'est moi qui suis dans l'intériorité et la simplicité. Ce n'est que parce que je ramène le contenu à la simplicité qu'il est universel, idéel.

---

1. *Das Einfache* : Hegel ne veut pas dire que la pensée simplifie. La simplicité désigne la réduction à l'unité, à l'essentiel, par delà la diversité et la contingence. La pensée ramène la diversité au général, à l'universel.

Ce que l'homme est réellement, il doit l'être idéellement. C'est lorsqu'il connaît le réel comme idéal, qu'il cesse d'être un être purement naturel, livré à ses seules perceptions et désirs immédiats, à leur satisfaction et à leurs résultats. Ce qui atteste de sa connaissance de cette vérité, c'est le fait qu'il refoule ses désirs. Il interpose la pensée entre la poussée du désir et sa satisfaction. L'animal ignore cette séparation, il ne brise pas spontanément le lien qui lie le désir et la satisfaction. Seules la douleur ou la crainte peuvent le briser. Le désir humain meut l'homme indépendamment de sa satisfaction. Dans la mesure où il peut ou bien céder, ou bien résister à ses désirs, l'homme se montre capable d'agir selon ses propres buts. Il se détermine selon l'universel. C'est lui qui doit déterminer quels sont les buts qui ont de la valeur pour lui. Ce qui le pousse à agir, c'est la représentation de ce qu'il est et de ce qu'il veut. C'est en cela que réside l'indépendance de l'homme. Il connaît ce qui le détermine. Il peut prendre le concept simple comme but de son action, par exemple, viser sa liberté positive. Les représentations de l'animal ne sont pas idéelles, effectives. Il ignore ce qu'est l'indépendance intérieure. Pourtant, en tant que vivant, l'animal trouve également en lui-même la source de son mouvement. Aucune stimulation extérieure n'a d'effet sur lui si elle ne rencontre pas une disposition qui est en lui. Tout ce qui ne correspond pas à sa nature intime n'existe pas pour l'animal. L'animal se divise en lui-même et par lui-même. Néanmoins, il ne peut rien interposer entre son désir et la satisfaction de celui-ci. L'animal n'a pas de volonté, il est incapable de refoulement. La stimulation commence en lui et appelle une réponse immanente. L'homme, en revanche, n'est pas indépendant parce que le mouvement trouve sa source en lui, mais parce qu'il est capable de contenir le mouvement et donc de briser ce qu'il a d'immédiat et de naturel.

Penser qu'il est un Moi, voilà ce qui fait la racine de la nature de l'homme. En tant qu'Esprit, il n'est pas un être immédiat mais essentiellement l'être qui fait retour sur soi. Ce mouvement de médiation représente un moment essentiel de l'Esprit. Son activité consiste à sortir de l'immédiateté, à nier celle-ci et à faire ainsi retour à soi. Il est donc ce qu'il se fait par son activité. Il n'y a un sujet, une réalité effective, que par ce retour à soi.

L'Esprit n'existe que comme résultat. L'image du germe peut servir à expliciter cette idée. La plante commence avec le germe. Mais ce dernier est en même temps le résultat de toute la vie de la plante. Elle se développe afin de la produire. Mais le fait que le germe soit à la fois point de départ et résultat de l'individu, à la fois identique et différent dans les deux cas, produit d'un individu et commencement d'un autre, traduit l'impuissance de la Vie. Dans chacun des individus, les deux aspects se séparent de la même manière que la forme de la simplicité représentée par la graine se sépare du processus de développement représenté par la plante[1].

Chaque individu présente un exemple plus proche de la vérité. L'homme n'est ce qu'il est que par l'éducation, par la discipline. Ce qu'il est immédiatement ne représente que la possibilité d'être ce qu'il est, c'est-à-dire rationnel, libre. Ce n'est que sa destination, son devoir-être[2]. L'animal a tôt achevé sa formation. Ce fait n'est pourtant pas à envisager comme un bienfait de la Nature à son égard. Sa croissance ne consiste qu'en un développement quantitatif. L'homme, par contre, doit d'abord faire de lui-même ce qu'il doit être. C'est précisément parce qu'il est Esprit qu'il doit tout conquérir. Il doit se dépouiller de l'élément naturel. L'Esprit est donc son propre résultat.

C'est la nature divine qui offre cependant l'exemple le plus parfait. A vrai dire, Dieu n'est pas un exemple avec lequel on peut jouer. Il est l'universel, la vérité même, dont toute autre réalité porte témoignage. D'ailleurs, les anciennes religions avaient donné à Dieu le nom d'Esprit, bien qu'il ne s'agissait là que d'un nom qui n'impliquait pas dans sa définition une véritable explication de la nature de l'Esprit. Dans la religion juive aussi, l'Esprit est représenté pour la première fois, mais de manière abstraite. C'est le Christianisme qui révèle Dieu comme Esprit. Il est d'abord le Père, puissance, universel abstrait qui demeure encore caché. Il est, en second lieu, son propre objet,

---

1. Hegel veut montrer que l'être vivant n'offre qu'un mauvais exemple de ce qui représente la vérité de l'Esprit : être un résultat. La vie ne peut que se répéter. Elle ne peut que reproduire un être à la fois identique et différent, alors que l'Esprit se donne lui-même une figure nouvelle, plus conforme à sa véritable nature. Il devient vraiment ce qu'il est.
2. Ailleurs, on peut lire : « L'universalisation de l'individu, c'est le travail de l'éducation qui apprend à l'individu ce qui vaut moralement pour tous » (*La Raison dans l'histoire*, p. 117).

un autre que lui, un être dédoublé, le Fils. Mais, dans cet autre que soi, il se retrouve également lui-même, immédiatement. Il se connaît et se contemple en lui. Cette connaissance de soi et cette contemplation de soi représentent, en troisième lieu, l'Esprit[1]. Cela veut donc dire que l'Esprit forme le tout, qu'il n'est ni l'un, ni l'autre, pris séparément. La langage du sentiment compare Dieu à l'amour éternel qui consiste à posséder l'autre comme son bien propre. Cette Trinité traduit la supériorité de la religion chrétienne sur les autres religions. Sans elle, il se pourrait que la pensée trouvât davantage de richesse dans d'autres religions. La Trinité exprime l'élément spéculatif contenu dans le Christianisme et c'est pourquoi, la philosophie trouve aussi en lui l'Idée de la Raison.

Les peuples

Il faut préciser maintenant que l'Esprit que nous concevons essentiellement comme conscience de soi, ne trouve pas dans l'individu humain isolé sa configuration véritable. L'Esprit est essentiellement individu. Mais, dans l'histoire universelle, nous n'avons pas affaire à des individus isolés ou à des individus ramenés aux limites de leur particularité. C'est sous les traits d'un peuple que l'Esprit apparaît sur la scène de l'histoire, comme un individu d'une nature à la fois universelle et déterminée. L'Esprit auquel nous avons affaire est l'Esprit d'un peuple. Les Esprits des peuples, à leur tour, se distinguent les uns des autres, en fonction de la représentation qu'ils se font d'eux-mêmes, en fonction de la superficialité ou de la profondeur avec laquelle ils ont saisi la réalité de l'Esprit. L'ordre éthique des peuples traduit la conscience qu'a l'Esprit de lui-même. Les peuples sont le concept que l'Esprit a de lui-même. Ce qui se réalise dans l'histoire, c'est donc la représentation de l'Esprit. La conscience d'un peuple dépend du savoir qu'a l'Esprit de lui-même, et la conscience ultime à laquelle tout se ramène, est celle de la liberté

1. Le dogme de la Trinité sera commenté à de nombreuses reprises par Hegel. Il exprime, selon lui, la véritable nature de l'Esprit. De même que l'Esprit doit découvrir son propre visage, sa propre vérité, en s'opposant à ce qu'il est immédiatement, pour s'inscrire ensuite dans la réalité et se reconnaître en elle, de même Dieu trouve dans le Fils, le Dieu qui s'est fait homme, la possibilité d'exposer sa propre vérité et de se réconcilier avec elle.

de l'homme. La conscience de l'Esprit doit se donner une forme concrète dans le monde. Le matériau de cette réalisation, l'humus dans lequel elle s'enracine, n'est autre que la conscience collective, la conscience d'un peuple. Celle-ci contient tous les buts et les intérêts du peuple. Tout se ramène à elle. Elle décide du droit, des mœurs, de la religion du peuple. Elle forme l'élément substantiel de l'Esprit d'un peuple, même lorsque les individus l'ignorent et qu'elle est présente en eux comme une condition préalable. Elle se présente sous la forme d'une nécessité : l'individu est élevé dans cette atmosphère et ne connaît rien d'autre. Cette conscience n'est pourtant pas un simple effet de l'éducation. L'individu est la source à partir de laquelle elle se développe. Il ne la reçoit pas comme une simple empreinte. Il existe dans cette substance. Cette conscience générale n'est pas ce qui est purement temporel. Cet élément se dresse impuissant contre elle. Aucun individu ne peut franchir les bornes que lui assigne cette substance. Certes, il peut se distinguer par rapport à d'autres individus, mais non par rapport à l'Esprit de son peuple. Il peut être plus intelligent que beaucoup d'autres, mais il ne peut surpasser l'Esprit de son peuple. Seuls sont doués d'intelligence ceux qui ont pris conscience de cet Esprit et savent se guider d'après lui. Ce sont eux les grands hommes d'un peuple, ceux qui le conduisent selon l'esprit général. Les individualités n'ont pas de place sur la scène historique. Nous ne prêtons attention qu'à celles qui ont su concrétiser le vouloir de l'Esprit du peuple. La considération philosophique de l'histoire universelle devra écarter des formules du genre : tel État n'aurait pas péri s'il y avait eu un homme qui... les individus s'évanouissent devant la généralité substantielle. C'est elle qui fait apparaître les individus dont elle a besoin pour atteindre ses buts. Les individus ne sauraient faire entrave à l'accomplissement de ce qui doit s'accomplir.

L'Esprit du peuple est à la fois essentiellement Esprit particulier et Esprit universel absolu, car celui-ci est unique. L'Esprit du monde est l'Esprit présent dans le monde, tel qu'il s'explicite dans la conscience humaine. Les hommes se rapportent à lui comme les parties se rapportent à un tout qui est leur substance. Cet Esprit du monde est identique à l'Esprit divin qui est l'Esprit absolu. Dans la mesure où Dieu est omniprésent, il est présent en chaque homme, il se manifeste dans la conscience de chacun. C'est cela l'Esprit du monde[1]. L'Esprit particulier d'un peuple particulier peut disparaître. Il ne représente qu'un maillon dans la marche générale de l'Esprit du monde qui, lui, ne peut disparaître. De ce point de vue, l'Esprit d'un peuple n'est que l'Esprit universel sous une figure particulière qui lui est subordonnée, mais qu'il emprunte dans la mesure où il parvient à l'existence. Et avec l'existence, entre également en scène la particularité. La particularité de l'Esprit d'un peuple se traduira par la manière spécifique dont il exprimera la conscience de l'Esprit. Le langage de la vie courante nous portera à dire : tel peuple a eu telle ou telle conception de Dieu, de la religion, du droit. Il s'est fait telle ou telle idée de la vie éthique. Nous sommes amenés à considérer tout cela comme des éléments extérieurs de la vie du peuple. Pourtant, même ce point de vue superficiel nous fait comprendre que ces éléments sont de nature spirituelle et qu'ils ne peuvent avoir aucune autre forme de réalité que celle de l'Esprit, la conscience que l'Esprit a de l'Esprit.

Mais, comme nous l'avons déjà remarqué, cette conscience est en même temps conscience de soi. Il convient ici de dissiper un malentendu possible, celui qui consisterait à croire que la conscience que j'ai de moi-même est celle de l'individu temporel. La philosophie se heurte ici à la conviction de la majorité des hommes qui estime que c'est la conscience empirique des individus qui constitue son objet. Or, dans sa conscience du spirituel, l'Esprit est libre. Il a dépassé l'existence temporelle et limitée pour se rapporter à son être pur qui est aussi son essence. Si l'être divin n'était pas l'essence de l'homme et de la Nature, il serait un être qui ne serait rien[2]. La conscience de soi est donc un concept philosophique qui ne peut recevoir sa pleine signification que dans une présentation philosophique. Puisque nous

---

1. L'Esprit absolu est l'Esprit qui se saisit dans son absolue vérité à partir de son objectivation dans le monde. Il est l'Esprit qui se connaît lui-même et qui en même temps peut contempler ce savoir de soi dans un monde, dans une objectivité qu'il a lui-même produite. C'est dans la philosophie que l'Esprit absolu parvient à sa pleine expression.

2. Hegel fait ici à nouveau allusion au rapport complexe qui lie la Science de la logique (théorie de l'être pur) à la philosophie de la Nature et à la philosophie de l'Esprit. La logique est « fondement » de la Nature et de l'Esprit, mais inversement, la Nature et l'Esprit « concrétisent » la vérité de la première.

supposons que ce point a été établi, nous pouvons affirmer que la conscience déterminée d'un peuple est la conscience qu'il a de son être. L'Esprit est avant tout son propre objet. Tant qu'il ne l'est que pour nous, sans se reconnaître lui-même dans ce qu'il est, il n'est pas encore son propre objet tel qu'il doit l'être dans sa vérité[1]. Notre objectif est de mettre l'accent sur le fait qu'il n'aspire qu'à se connaître tel qu'il est en soi et pour soi, à se manifester à soi-même dans sa vérité, à produire un monde spirituel, conforme à son propre concept, accomplissant et réalisant sa vérité, qu'il ne produit la religion et l'État que dans le but de les rendre conformes à son concept, afin qu'il puisse exister selon la vérité ou selon l'Idée de soi-même, car l'Idée est la réalité qui n'est que le miroir, l'expression du Concept[2]. C'est ainsi qu'il faut concevoir le but général de l'Esprit et de l'histoire. De même que le germe porte en lui la totalité de la nature de l'arbre, le goût et la forme de ses fruits, de même les premières traces de l'Esprit contiennent déjà virtuellement la totalité de l'histoire.

En conclusion de cette définition abstraite de l'Esprit, nous pouvons donc dire que l'histoire universelle est la présentation de l'Esprit dans son travail d'accession à la connaissance de ce qu'il est en soi. Les Orientaux ne savent pas que l'Esprit ou l'homme en tant qu'homme est libre en soi. C'est parce qu'ils ne le savent pas qu'il ne le sont pas. Ils savent seulement qu'Un seul est libre. Mais, pour cette raison, cette liberté n'est que volonté arbitraire, barbarie, torpeur de la passion. Même la douceur, la docilité de la passion n'y sont qu'un accident naturel, un effet de l'arbitraire. L'Un n'est donc qu'un despote et non un être libre, un homme. Ce n'est que chez les Grecs qu'est apparue la conscience de la liberté et c'est pour cette raison qu'ils ont été libres. Mais eux, comme les Romains, savent seulement que quelques uns sont libres. Ils n'ont pas su que l'homme en tant que tel est libre. Platon et Aristote ignoraient cette vérité. C'est pourquoi, non seulement les Grecs avaient des esclaves

---

1. Le philosophe qui expose la philosophie de l'histoire connaît le résultat de son déroulement. Mais ce savoir n'est pas extérieur à l'Esprit : il est le savoir que l'Esprit conquiert lui-même au cours de son développement historique.

2. Rappelons la définition de l'Idée : « l'unité de l'existence empirique et du concept est l'Idée » (*Principes*, add. au § 1).

dont dépendaient la vie et la conservation de leur belle liberté, mais par un côté leur liberté même n'était qu'une fleur sauvage, périssable, limitée, livrée au hasard, et, par un autre côté, elle représentait un dur asservissement de ce qui est humain. Ce furent les nations germaniques qui, dans le cadre du Christianisme, parvinrent à la conscience que l'homme en tant qu'homme est libre, que la liberté de l'Esprit exprime sa nature la plus intime. Cette conscience est d'abord apparue sur le terrain de la religion, dans la sphère la plus intérieure de l'Esprit. Inscrire ce principe également dans l'existence temporelle devint une tâche ultérieure dont la solution et l'accomplissement exigeront un long et pénible travail culturel. L'adoption de la religion chrétienne ne fit pas disparaître l'esclavage immédiatement. Encore moins, l'esprit de liberté régna-t-il dans les États ! Les gouvernements et les constitutions ne s'organisèrent pas de manière rationnelle, ne se fondèrent pas sur le principe de la liberté. L'application de ce principe aux affaires temporelles, sa pénétration, son impact sur l'état du monde, constituent le long processus qui forme l'histoire[1]. J'ai déjà attiré l'attention sur la différence qui sépare le principe comme tel de son application, son introduction et son accomplissement dans la réalité de l'Esprit et de la vie. Nous aurons à y revenir. Elle représente un fondement décisif de notre science et il faut la garder présente à l'esprit. Ce que nous venons de dire au sujet de cette différence concernant le principe chrétien (qui exprime la conscience de soi de l'Esprit) vaut également pour le principe de la liberté en général. L'histoire universelle est le progrès dans la conscience de la liberté - un progrès que nous devons reconnaître dans sa nécessité.

En évoquant d'une manière générale les différences concernant la connaissance de la liberté - les Orientaux ont uniquement su qu'un seul était libre, les Grecs et les Romains que quelques-uns étaient libres, mais nous, nous savons que tous les hommes en soi sont libres, que l'homme est libre en tant qu'homme -, j'ai indiqué les subdivisions selon lesquelles nous traiterons l'histoire universelle. Il ne s'agit pourtant là que d'une

1. La vente d'esclaves existait encore couramment sous l'Empire carolingien. L'Église ne l'avait pas interdite. Elle en refusait seulement la vente à des acheteurs païens. Charlemagne la limita aux cadres de l'Empire.

remarque formulée en passant, car il nous faut préalablement encore expliquer quelques concepts.

Nous avons donc indiqué que ce qui exprime la rationalité de la détermination de l'Esprit (qui exprime également la détermination du monde spirituel) et qui forme le but ultime du monde (car le monde spirituel est le monde substantiel auquel se subordonne la Nature physique qui, en termes spéculatifs, n'a aucune vérité face au premier), c'est la conscience qu'a l'Esprit de sa liberté et donc aussi la réalisation de celle-ci. Néanmoins, jamais aucune époque n'a mieux su que la nôtre que cette liberté dont nous venons de faire mention, reste encore un mot imprécis, aux significations multiples, qui, parce qu'il désigne ce qu'il y a de plus élevé, est la source d'une infinité de malentendus, de confusions, d'erreurs et entraîne toutes les divagations possibles. Nous nous en tiendrons ici d'abord à notre définition générale. Nous avons aussi attiré l'attention sur l'importance de la différence infinie qui sépare le principe qui n'est d'abord qu'en soi, de celui qui est effectivement réel *(wirklich)*. En outre, c'est la liberté elle-même qui contient en elle l'infinie nécessité de devenir consciente et, par là, de devenir réelle, car, selon son concept, elle est savoir de soi. La liberté est à elle-même le but qu'elle réalise. Elle est l'unique but de l'Esprit.

La substance de l'Esprit est la liberté. Par là se trouve indiqué le but du processus historique : la liberté du sujet, la possibilité pour lui d'avoir une conscience morale, de se donner des fins universelles dont il proclame la valeur, la reconnaissance de la valeur infinie du sujet et la prise de conscience par lui de cette pointe extrême. Ce qu'il y a de substantiel dans le but de l'histoire universelle est atteint lorsque se trouve réalisée la liberté de chaque homme.

Vie et mort des peuples

Les Esprits des peuples sont les maillons du processus qui permet à l'Esprit de parvenir à la libre connaissance de soi. Cependant, les peuples existent pour eux-mêmes - nous n'avons pas affaire ici à l'Esprit en soi. En tant que tels, ils ont une existence naturelle. Ce sont des nations et c'est en cela que leur principe est quelque chose de naturel. Dans la mesure où leurs principes diffèrent, les peuples seront également différents du point de vue naturel. Chacun a son propre principe qui se présente à lui comme un but à poursuivre. Lorsqu'il a atteint ce but, il n'a plus rien à faire sur la scène du monde.

L'Esprit d'un peuple doit donc être envisagé comme le développement d'un principe qui se présente d'abord sous la forme d'une tendance obscure qui ne cesse pas d'être à l'œuvre, cherchant à se donner une objectivité. Cet Esprit du peuple est un Esprit déterminé, un tout concret. Et, parce qu'il est Esprit, il ne saurait être connu que spirituellement, c'est-à-dire par la pensée. Nous sommes ceux qui appréhendons cette pensée. Mais, l'Esprit du peuple se saisit lui-même par la pensée. Nous avons donc à prendre en considération le concept déterminé, le principe de cet Esprit. Ce principe est en lui-même d'une grande richesse et se manifeste de multiples manières, car l'Esprit est vivant et actif. Il est aux prises avec le travail de production de soi-même. Il est le principe unique qui se manifeste dans toutes les actions et orientations du peuple, qui parvient à se réaliser, à jouir de soi-même et à se connaître. La religion, la science, les arts, les destins, les événements sont les aspects de sa manifestation. C'est un tel principe et non la détermination naturelle du peuple (comme l'étymologie du terme nation - de *nasci* - pourrait le suggérer) qui confère son caractère à un peuple. Au cours de son activité, celui-ci ne connaît d'abord que les buts qui concernent sa réalité déterminée. Il ne se connaît pas encore lui-même. Il a cependant le désir de connaître ses propres pensées. Son activité la plus haute est la pensée et, dans ses œuvres les plus nobles, il travaille à se saisir lui-même. Se connaître, se saisir, non seulement intuitivement mais encore en s'élevant à la pensée de soi-même, telle est la démarche la plus digne de l'Esprit[1]. Cette démarche, il doit l'entreprendre et il l'accomplit effectivement. Mais cet accomplissement signifie en même temps son déclin - un déclin annonciateur d'une autre étape, d'un autre peuple. L'Esprit d'un peuple particulier s'accomplit dans la mesure où il favorise le passage au principe d'un autre peuple. C'est ainsi que s'effectuent la progression, l'émergence

---

1. Rappelons que l'Esprit qui se connaît tel qu'il est dans son objectivité (la réalité du peuple) est l'Esprit absolu. Cette connaissance de soi prend une forme intuitive dans l'art. Elle est imagée, métaphorique dans la religion. Elle ne devient vraiment pensante que dans le cadre de la philosophie.

et la substitution des principes des peuples... La tâche de l'histoire philosophique est de montrer en quoi réside l'unité de ce mouvement.

La dimension abstraite de la marche de l'Esprit d'un peuple se présente comme la simple progression empirique dans le temps. C'est là son activité première. L'activité spirituelle représente une dimension plus concrète de cette marche. Un peuple progresse dans sa propre réalité : il connaît une phase de développement, puis le déclin. La catégorie la plus immédiate qui s'impose ici est celle de formation culturelle, de raffinement et de déviation culturels[1]. La déviation est le produit ou la source de la ruine du peuple. Le terme culture ne précise pas encore ce qui fait le contenu substantiel de l'Esprit d'un peuple déterminé. La culture a une dimension formelle et, d'une manière générale, se fonde sur le principe formel de l'universalité[2]. L'homme cultivé est celui qui sait donner à tout aspect de son activité la marque de l'universalité. Il est celui qui a renoncé à sa particularité et agit selon des principes universels. La culture manifeste la pensée. Cela signifie donc que l'homme sait se contenir, qu'il n'agit pas seulement sous l'impulsion de ses tendances et de ses désirs, mais qu'il se prend en charge. Il peut considérer l'objet dans son indépendance et acquérir l'habitude de la théorie. A cela s'ajoute l'habitude de concevoir les aspects séparés dans leur séparation, de détailler les circonstances, d'isoler les points de vue, d'abstraire, tout en ramenant immédiatement chacun de ces éléments séparés à la forme de l'universel. L'homme cultivé sait saisir ce qu'il y a de divers dans les objets. Ils existent pour lui dans cette diversité et sa réflexion cultivée leur confère la forme de l'universel[3]. L'homme inculte, en revanche, est guetté par le risque de ne pas voir l'importance

1. Hegel joue ici avec les mots : *Bildung, Überbildung, Verbildung.*
2. Le terme culture ne désigne pas ici le système des institutions. Il désigne la formation intellectuelle, la formation de l'Esprit. L'homme cultivé est celui qui sait donner à toute son activité la marque de l'universel. C'est l'esprit éduqué à sa dimension pensante.
3. L'homme cultivé, celui qui accède à la pensée, à la compréhension du sens fondamental de ce qui est, est celui qui est capable de comprendre comment l'universel se particularise, se concrétise dans la diversité des objets particuliers. Il n'est pas prisonnier des choses particulières comme l'homme inculte, mais il n'est pas davantage poussé à vouloir les repousser au nom de la pensée. Il est capable de saisir le lien entre l'universel et le particulier.

d'une bonne demi-douzaine d'autres aspects, lorsqu'il s'aventure à rechercher l'aspect substantiel des choses. Et ceci, en dépit de sa bonne volonté. En préservant les droits de la réalité dans toutes les formes de sa diversité, l'homme cultivé agit concrètement. Il est habitué à considérer les choses selon des points de vue et des buts universels. La culture traduit donc le fait qu'un contenu porte la marque de l'universel.

Le développement de l'Esprit comme mouvement d'où procède la culture, doit toutefois être saisi de manière plus concrète encore. Il faut mettre en évidence l'universalité de l'Esprit, les déterminations qu'il contient en soi. Cela peut être compris dans un sens subjectif : on parlera de « disposition » pour exprimer ce que l'Esprit est en soi. Et, dans la mesure où il sera explicité, on parlera de propriétés, d'aptitudes. Mais ce qui est produit ne sera saisi que sous une forme subjective. Dans l'histoire, au contraire, nous avons affaire à ce produit sous la forme de l'objectivité, d'un Acte, d'une œuvre de l'Esprit. L'Esprit d'un peuple est savoir. Cela veut dire que l'activité de la pensée à propos de la réalité de cet Esprit consiste à comprendre qu'il connaît son œuvre comme une œuvre objective et non seulement comme quelque chose de subjectif[1]. On peut faire remarquer à ce sujet que l'on introduit souvent une différence entre ce que l'homme est intérieurement et ses actes. Cette distinction n'a aucune vérité dans l'histoire. L'homme s'identifie à la série de ses actes. On s'imagine que l'intention peut être excellente même si les actes ne valent rien. Certes, il peut arriver dans certains cas que l'homme dissimule ses intentions, mais c'est là une situation à part. La vérité oblige à dire que l'extérieur ne saurait se différencier de l'intérieur. C'est surtout dans l'histoire qu'il faut écarter les subtilités concernant des distinctions momentanées. Les peuples valent ce que valent leurs actes. Et leurs actes traduisent leurs buts.

L'Esprit est essentiellement actif. Il se fait ce qu'il est en soi. Il en fait son Acte, son œuvre. C'est ainsi qu'il devient son pro-

1. Hegel fait ici allusion à la différence entre l'Esprit subjectif et l'Esprit objectif. L'Esprit peut se connaître dans son identité sans se référer au monde (dimension subjective, formelle). Mais il est aussi réalité. Il produit un monde (le monde politique et culturel) dans lequel il se reconnaît sous une forme plus concrète et plus achevée (dimension objective).

pre objet et se trouve en face de soi-même comme une réalité existante. Il en va de même de l'Esprit d'un peuple. Son activité consiste à déployer un monde effectif, qui se déploie aussi dans l'espace. Sa religion, son culte, ses usages et ses coutumes, ses arts, sa constitution, ses lois politiques, l'ensemble de ses institutions, de ses faits et de ses actes, forment son œuvre, expriment ce peuple. Chaque peuple éprouve ce sentiment. L'individu trouve l'être du peuple comme un univers solide et déjà achevé dans lequel il doit s'incorporer. Il doit s'approprier cette réalité substantielle afin qu'elle façonne sa manière de penser et d'agir et lui permette de devenir lui-même quelqu'un. L'œuvre est présente et les individus doivent s'en inspirer et s'y conformer. Lorsque nous envisageons la période de construction du peuple, nous voyons que celui-ci œuvre pour la réalisation des buts de son Esprit. Nous disons qu'il est éthique, vertueux, vigoureux, parce qu'il met en œuvre ce qui forme la volonté intérieure de son Esprit et défend également le résultat de ce travail d'objectivation de soi contre toute violence extérieure. La séparation des individus et du tout n'a pas encore eu lieu. Elle n'apparaîtra que plus tard, lorsque sera venu le temps de la réflexion. Quand le peuple a fait de soi sa propre œuvre, la dualité entre ce qu'il est en soi (ce qu'il est selon son essence) et ce qu'il est effectivement, est supprimée. Il est apaisé. Il a édifié comme son propre monde, ce qu'il est en soi. Dans cette œuvre qui est la sienne, dans le monde qui est le sien, il jouit alors de lui-même.

Ce qui se produit ensuite, c'est ce qui advient lorsque l'Esprit a trouvé ce qu'il cherchait. Son activité n'est plus stimulée, son âme substantielle n'est plus en éveil. Son activité est de plus en plus éloignée de ses intérêts les plus élevés. Je ne porte de l'intérêt à une chose que dans la mesure où elle me demeure encore cachée, ou dans la mesure où elle est un moyen pour atteindre un objectif que je n'ai pas encore réalisé. Lorsque le peuple s'est pleinement formé, qu'il a atteint son but, disparaît son intérêt profond. L'Esprit du peuple est un individu naturel. En tant que tel, il connaît la floraison, manifeste sa plénitude, décline et meurt. Il est dans la nature de la finitude que l'Esprit limité soit périssable. Il est vivant et en tant que tel fondamentalement actif. Il est occupé à s'édifier, à se produire et à travailler à son inscription dans la réalité. Tant que la réalité n'est pas encore adéquate à son concept, tant que son concept intérieur n'est pas encore devenu conscient de soi, il se heurte à une opposition. Mais, dès que l'Esprit a fait de sa vie le siège de sa propre objectivité, dès que son concept s'est pleinement dégagé et s'est totalement accompli, il est parvenu - ainsi que nous l'avons dit - à cette jouissance de soi-même qui n'est plus activité, qui n'est plus qu'existence passive ne se heurtant plus à aucune résistance. La période durant laquelle le peuple est encore actif est la plus belle, celle de la jeunesse d'un peuple. C'est le temps où les individus ont le vif désir de préserver leur patrie, de faire valoir les buts de leur peuple. Lorsque ceux-ci sont atteints, s'installe l'habitude de la vie. De même que l'homme meurt de l'habitude de la vie, de même l'Esprit d'un peuple meurt de la jouissance de soi. Lorsque l'Esprit du peuple est parvenu au terme de son activité, la vivacité et l'intérêt s'éteignent. Le peuple vit le passage qui mène de l'âge viril à la vieillesse dans la jouissance de ses résultats. Avant cela, surgissaient des besoins, des nécessités. Ils ont été satisfaits par certaines institutions et ne se manifestent plus. Les institutions qui les concernaient doivent également disparaître et l'on s'installe dans un présent sans besoins. Il peut arriver que le peuple ait renoncé à certains aspects de son projet et se soit contenté de buts plus limités. Même si son imagination le poussait au-delà de ces limites, il y a renoncé lorsque la réalité ne s'y prêtait plus et a restreint son projet en fonction de cette réalité. Il vit maintenant dans la satisfaction du résultat acquis, cède à l'habitude dans laquelle il n'y a plus de vitalité et marche vers sa mort naturelle. Ce peuple pourra encore entreprendre beaucoup de choses dans la guerre et dans la paix, à l'intérieur et à l'extérieur. Il pourra continuer à végéter encore longtemps. Il s'agitera. Mais cette agitation ne sera plus que celle qui résulte des intérêts particuliers des individus. Elle n'exprime plus l'intérêt du peuple lui-même. L'intérêt le plus élevé, le plus sublime a disparu, car il n'y a d'intérêt que là où il y a opposition.

La mort naturelle de l'Esprit d'un peuple peut se manifester par la nullité politique. C'est ce que nous appelons l'habitude. L'horloge est remontée et égrène les heures. L'habitude représente une activité qui ne se heurte à aucun obstacle, qui ne peut se déployer que dans une durée formelle et dans laquelle la plénitude et la profondeur des buts ne peuvent plus se faire valoir. Il s'agit là d'une existence tout extérieure, empirique, qui n'est plus immergée dans la Chose même[1]. Ainsi meurent de leur mort naturelle les individus et les peuples. Même si les peuples peuvent survivre à cette « mort », c'est sous la forme d'une existence sans intérêt et sans vigueur, qui n'est plus dominée par le besoin de forger des institutions, puisque le besoin est satisfait. Cette vie n'est que nullité politique et ennui. Le négatif n'apparaît plus comme tension intérieure, lutte. C'est ce qui s'est passé, par exemple, pour les vieilles villes impériales qui ont cessé d'exister politiquement, sans se rendre compte de ce qui leur arrivait. Il n'est pas impossible qu'une telle mort soit vécue par un peuple dans une douce quiétude, bien que celui-ci ait quitté la vie de l'Idée. Il sert alors de matériau pour l'édification d'un principe plus élevé, devient province d'un autre peuple dans lequel prévaut ce principe. Pourtant, le principe qu'un peuple a développé demeure quelque chose de réel. En dépit de la mort du peuple, de l'habitude, il ne saurait périr en tant qu'élément spirituel. Bien au contraire, il cherche une issue dans la définition d'un principe supérieur. La caducité peut nous troubler, mais un point de vue plus profond nous la fait reconnaître comme nécessaire au sein de l'Idée plus haute de l'Esprit. Elle révèle la vérité de l'Esprit qui consiste pour lui à réaliser sa fin absolue à travers des figures périssables. C'est ainsi que nous devons nous réconcilier avec la caducité.

L'Esprit d'un peuple particulier est soumis à la caducité ; il décline, perd toute signification pour l'histoire universelle, cesse d'être le support du plus haut concept, grâce auquel l'Esprit se comprend lui-même. Le peuple qui domine son temps est toujours celui qui a saisi le plus haut concept de l'Esprit. Il peut arriver que subsistent des peuples qui ne sont pas parvenus à un concept aussi élevé. Ils ne jouent cependant aucun rôle historique.

Un peuple étant un être universel, un être générique, il faut encore faire intervenir une détermination complémentaire. En tant que genre, le peuple existe pour lui-même. C'est pour cela qu'il est possible que l'universel présent dans cette existence, apparaisse comme son propre opposé. Le négatif de soi-même

---

1. La « Chose » : *die Sache*. Hegel désigne par ce terme la réalité fondamentale, la réalité comme manifestation de la pensée, la réalité comme totalité liant le sens et l'objectivité. La Chose désigne donc la réalité saisie dans sa vérité.

se manifeste en lui. La pensée s'élève au-dessus de l'action immédiate. La mort naturelle du peuple apparaît alors comme un suicide et nous pouvons observer que l'Esprit du peuple prépare lui-même son propre déclin. Les signes de ce déclin sont de nature diverse : la corruption vient de l'intérieur, les ambitions se déchaînent, la particularité recherche sa propre satisfaction, oublie l'Esprit substantiel qui finit ainsi par se défaire. Les intérêts particuliers attirent les forces et les capacités qui, auparavant, étaient consacrées au tout. Le négatif surgit ainsi comme corruption interne, comme tendance à la particularisation. Cette corruption conjugue souvent ses effets avec ceux d'une violence extérieure qui prive le peuple de sa souveraineté et de sa position prééminente. Cette violence extérieure n'est cependant qu'une cause phénoménale. Aucune puissance ne peut s'opposer à l'Esprit ou le miner de l'intérieur tant que sa propre vitalité n'est pas encore moribonde ou éteinte.

L'évocation du moment de la caducité oblige à rappeler cette vérité : la vie suit la mort. On pourrait évoquer la vie dans le cadre de la Nature, montrer comment les bourgeons périssent, laissant la place à d'autres. Pourtant, les choses sont différentes dans le monde de l'Esprit. L'arbre se perpétue, fait croître des branches, des feuilles, des fleurs, des fruits et ainsi recommence le même cycle. La plante annuelle ne survit pas au fruit. L'arbre voit passer des dizaines d'années. Il finit néanmoins par mourir. Dans la Nature, le retour de la vie n'est que la répétition d'une seule et même forme. C'est une histoire monotone qui décrit toujours le même cercle. Il ne se produit rien de nouveau sous le soleil. Mais avec le soleil de l'Esprit, il en va autrement. Sa marche, son mouvement, n'est pas une auto-répétition. L'aspect changeant que se donne l'Esprit dans des figures toujours nouvelles, est essentiellement une progression. Ceci se traduit dans la dissolution de l'Esprit du peuple par la négativité de sa pensée, par le fait suivant : la connaissance, la conception pensante de l'être est la source et l'acte de naissance d'une figure nouvelle, d'une figure supérieure qui relève d'un principe qui à la fois conserve et transfigure l'ancien. La pensée est en effet, l'universel, le genre qui ne meurt pas, qui demeure égal à lui-même. La figure déterminée de l'Esprit ne succombe pas simplement sous l'effet de l'écoulement naturel du temps. Elle se dépasse dans l'activité spontanée et consciente d'elle-même de la conscience de soi. C'est parce que ce dépassement est activité de la pensée qu'il est en même temps conservation et transfiguration. En supprimant, d'un côté, la réalité, l'existence de ce qui est, l'Esprit gagne, de l'autre, l'essence, la pensée, l'universalité de ce qu'il a seulement été[1]. Son principe n'est plus ce contenu et ce but immédiats, tels qu'ils ont été, mais tels que les exprime leur essence.

Puisque nous avons à constater le passage d'un Esprit du peuple à un autre, il faut remarquer que l'Esprit universel en général ne meurt pas, mais qu'en tant qu'Esprit du peuple appartenant à l'histoire, il doit parvenir à la connaissance de son œuvre et donc à la pensée de soi-même. Cette pensée, cette réflexion n'a donc plus aucun respect pour cet immédiat qu'il ne reconnaît que comme un principe particulier. Surgit alors une scission entre l'Esprit subjectif et l'universel. Les individus se retirent en eux-mêmes et poursuivent leurs propres buts. Nous avons déjà fait remarquer que ce fait entraîne la corruption du peuple. Chacun définit ses propres buts en fonction de ses passions. Mais, dans ce repli de l'Esprit sur lui-même, surgit la pensée comme une réalité particulière qui fait naître les sciences. Celles-ci sont toujours associées à la corruption, à la décadence d'un peuple.

Mais dans cette corruption réside le point de départ d'un principe plus élevé. Parce que l'Esprit est un, la scission présuppose, porte en elle le besoin de l'unification. L'Esprit est vivant et a la puissance de produire l'unité. L'opposition qui se produit entre l'Esprit et un principe inférieur, la contradiction, conduit au principe supérieur. Durant la période la plus florissante de leur histoire, dans leur sereine vie éthique, les Grecs ignoraient le concept de la liberté universelle. Certes, ils avaient la notion de Καθηκον[2], du convenable, mais ils ignoraient celle de moralité ou de conscience morale. La moralité, comme moment du retour de l'Esprit à soi, réflexion, fuite de l'Esprit dans son intério-

---

1. Hegel joue ici sur les mots : *Wesen* (l'essence) et *gewessen* (participe passé de *sein*) : l'essence est ce qui a été. La pensée (qui est saisie de l'essence) dépasse ce qui est, non pour le nier radicalement, mais pour le saisir dans sa vérité en général. Elle conserve ce qui est, en le pensant, tout en le transfigurant, en le ramenant à sa vérité essentielle. 2. Cette notion intervient surtout dans la morale stoïcienne. Le sage qui désire vivre en accord avec la nature raisonne sur les buts qu'il doit se proposer. Il s'élève ainsi jusqu'à la perfection des « convenables ».

rité, était absente. Elle n'est apparue qu'avec Socrate[1]. A partir du moment où la réflexion a surgi et où l'individu s'est retiré en lui en se coupant de la coutume, afin de vivre en lui-même, selon ses propres déterminations, commença la corruption, la contradiction. L'Esprit ne peut cependant demeurer dans l'opposition. Il est en quête d'unité. C'est dans l'unification que réside le principe supérieur. Le processus par lequel l'Esprit parvient à son soi, à son concept, forme précisément l'histoire. La scission contient donc ce qu'il y a de plus élevé dans la conscience. Mais, cet élément supérieur comporte encore un aspect qui échappe à la conscience. La conscience ne peut prendre la contradiction en charge que lorsque le principe de la liberté personnelle est acquis.

Le résultat de ce mouvement est donc que l'Esprit en s'objectivant et en pensant son être, détruit d'un côté la forme déterminée de son être, et, de l'autre, saisit ce qu'il y a d'universel en elle. Il donne ainsi une nouvelle détermination à son principe. La réalité substantielle de cet Esprit du peuple s'en trouve modifiée. Son principe est absorbé dans un principe autre, plus élevé.

La chose la plus importante - qui exprime l'âme et l'éminence de l'approche et de la compréhension philosophique de l'histoire -, c'est d'avoir le sens de ce passage et de l'expliciter par la pensée. Un même individu parcourt différentes étapes de formation. Il reste néanmoins toujours le même. Il en va de même pour un principe qui parcourt toutes les étapes qui le conduisent jusqu'à l'étape universelle de son Esprit. A ce stade commence à agir la nécessité intérieure - conforme au concept - du changement. L'impuissance de la Nature - sur laquelle nous avons déjà insisté - réside dans le fait que le commencement et le résultat y sont dissociés. La situation est la même dans le cas

---

1. Hegel établit une distinction très importante entre la vie éthique *(Sittlichkeit)* et la moralité *(Moralität)*. La première est essentiellement formée par les coutumes, les mœurs *(Das Sittliche ist... Sitte)*. Faire son devoir consiste à observer les mœurs du peuple dans lequel on vit. La moralité, quant à elle, fonde la connaissance du Bien sur l'intériorité du sujet, sur sa conscience, et non sur la connaissance de règles extérieures, de coutumes. Si Socrate (« Connais-toi toi-même ») en est l'initiateur, la moralité trouve cependant en Kant son explicitation philosophique achevée (thème de l'autonomie du sujet moral). Hegel n'oppose pas ces deux formes de la morale. Elles se complètent l'une l'autre.

de la vie des individus et des peuples. L'Esprit d'un peuple particulier n'est qu'un individu dans le cours de l'histoire. La vie d'un peuple porte un fruit à maturité car son activité consiste à accomplir son principe. Ce fruit ne tombe pas dans le giron du peuple qui l'a vu se développer. Il ne lui est pas donné d'en goûter la saveur. Au contraire, il ne lui procure qu'une boisson amère[1]. Il ne peut y renoncer car il en a une soif inextinguible. Mais, le prix à payer pour goûter ce fruit est sa propre destruction, c'est-à-dire l'avènement d'un nouveau principe. Le fruit redevient semence, mais semence d'un autre peuple destiné à connaître une autre floraison.

L'Esprit est essentiellement résultat de son activité et celle-ci consiste à dépasser son immédiateté, à la nier afin de faire retour à soi.

L'Esprit est libre. Faire de son essence une réalité effective, accéder à cet accomplissement, tel est le but poursuivi par l'Esprit du monde au cours de l'histoire universelle. Se connaître et se reconnaître, telle est son œuvre[2]. Cette reconnaissance ne se réalise cependant pas en une seule fois, mais graduellement, par étapes. Tout nouvel Esprit d'un peuple est une étape dans la conquête de sa conscience et de sa liberté. La mort de l'Esprit d'un peuple est passage à la vie mais d'une manière différente de celle de la Nature où la mort d'un individu appelle la vie d'un autre individu identique. L'Esprit du monde passe des déterminations inférieures aux déterminations supérieures, à des concepts plus adéquats, à des présentations plus développées de son Idée.

Le but ultime de l'histoire : la réconciliation de l'idéal et du réel

Nous avons donc affaire au but ultime que poursuit l'humanité, que l'Esprit se propose d'atteindre dans le monde, auquel, sous la poussée d'une force infinie, il cherche à donner une réalité. Pour préciser la nature de ce but ultime, il convient de se rapporter à ce qui a été dit plus haut, au sujet de l'Esprit d'un

---

1. L'auteur veut-il faire ici allusion à la situation de Socrate, condamné à boire la ciguë par les juges d'Athènes ?

2. Pour Hegel, la connaissance de soi de l'Esprit est nécessairement une reconnaissance : L'Esprit découvre son propre visage dans le « miroir » du monde.

peuple. Nous avions affirmé que l'objet de l'activité de l'Esprit ne pouvait être que lui-même. Il n'y a rien de plus élevé que l'Esprit, rien qui soit davantage digne d'être son objet. Il ne peut trouver le repos, il ne peut s'occuper de rien d'autre, tant qu'il ne sait pas ce qu'il est. Certes, il s'agit là d'une pensée générale et abstraite et il y a un abîme entre cette pensée qui expose ce qu'est l'unique intérêt de l'Esprit, et les réalités dont nous constatons qu'elles ont formé les intérêts des peuples et des individus. La considération empirique nous met en face de buts et d'intérêts particuliers qui ont mobilisé les peuples durant des siècles. Pensons, par exemple, à la lutte entre Rome et Carthage. Il y a un grand pas à franchir pour retrouver dans les phénomènes historiques la conception par laquelle nous avons exprimé l'intérêt essentiel. Si le problème de l'opposition qui semble exister entre les intérêts qui ont leur place dans les événements concrets de l'histoire, et celui dont nous avons indiqué qu'il formait l'intérêt absolu de l'Esprit, ne sera résolu que plus tard, il n'en demeure pas moins que la conception générale du concept est aisée à saisir : l'Esprit libre se rapporte nécessairement à lui-même parce qu'il est Esprit libre[1]. Il ne saurait dépendre d'autre chose sans contredire sa liberté[2]. Puisque la définition du but ultime revient à affirmer que l'Esprit doit parvenir à la conscience de soi ou que le monde doit devenir conforme à sa vérité (les deux expressions ont le même sens), on peut donc dire que l'Esprit doit s'approprier l'objectivité, ou réciproquement, que l'Esprit doit tirer son concept de lui-même, l'objectiver et devenir ainsi ce qu'il est. C'est dans l'objectivité qu'il prend conscience de lui-même, afin de connaître la félicité. En effet, là où l'objectivité correspond à l'exigence intérieure, la liberté est présente. Le but ultime étant posé, il devient possible de préciser les éléments ultérieurs du processus historique. Nous savons, en particulier, qu'il n'a rien à voir avec un simple accroissement quantitatif. Ajoutons que notre conscience ordinaire admet elle

1. Le thème de la « Ruse de la Raison » résoudra cette difficulté. Si les hommes semblent effectivement poursuivre des buts éloignés de celui de l'Esprit (ils cherchent le pouvoir, la richesse, la gloire, etc.), cela n'empêche pas qu'ils travaillent à la réalisation de ce but. Les passions sont les « bras », les « moyens » de la réalisation de l'Esprit.
2. La liberté est synonyme de parfaite autonomie, elle exclut toute altérité, toute hétéronomie.

aussi que pour connaître son essence, la conscience doit franchir les étapes de la culture.

Permettre à l'Esprit de parvenir au savoir de ce qu'il est véritablement, de réaliser ce savoir sous la forme d'un monde effectif dans lequel il s'objective, tel est finalement le but de l'histoire universelle. La chose essentielle est de concevoir ce but comme un résultat. L'Esprit n'est pas un être naturel comme l'animal qui, lui, n'est que ce qu'il est immédiatement. L'Esprit est l'être qui se produit lui-même, se fait lui-même ce qu'il est. C'est pourquoi, sa réalité ne peut être que le produit de sa spontanéité. Son être n'est pas être en repos mais activité : activité d'auto-production de soi, capacité d'être son propre résultat, de n'exister que comme sa propre œuvre. Pour se saisir dans sa vérité, il faut aussi qu'il se soit produit lui-même : son être est le processus absolu[1]. Ce processus qui est médiation active de soi avec soi-même (et non médiation par quelque chose d'autre), implique que l'Esprit passe par différents moments, qu'il comporte des mouvements et des changements et se laisse déterminer tantôt de telle manière, tantôt d'une autre manière[2]. Ce processus appelle donc essentiellement des étapes, et l'histoire universelle est la présentation du processus divin, la marche graduelle au cours de laquelle l'Esprit lui-même découvre sa vérité et la met en œuvre dans la réalité. Toutes les étapes sont des étapes de la connaissance de soi. La loi suprême, l'essence de l'Esprit est de se connaître soi-même, de se connaître dans sa véritable nature et de la produire. C'est ce qu'il accomplit dans l'histoire universelle. Il se produit sous la forme de figures déterminées qui sont formées par les peuples historiques. Ce sont des créations dont chacune représente une étape particulière et qui définissent ainsi les époques de l'histoire universelle. En approfondissant conceptuellement ce point de vue, nous pouvons dire que les peuples expriment les principes que l'Esprit a découverts à son propre sujet et qu'il a été irrésistiblement poussé à concrétiser. Il y a donc un lien essentiel entre eux et ce lien n'exprime que la nature de l'Esprit.

1. *Processus* : développement immanent et concret.
2. *Moment* : terme important chez Hegel. Il désigne les étapes du développement de l'Esprit, mais au sens où chaque étape est définie par des traits précis qui expliquent sa nécessité, son rôle et sa place dans le déploiement dialectique du processus.

L'histoire universelle est la présentation du divin, du processus absolu de l'Esprit dans ses figures les plus hautes, de cette marche graduelle par laquelle il accède à sa vérité, à la conscience de soi. Les Esprits des peuples historiques précisent ces étapes à travers les formes de leur vie éthique, leurs constitutions, leurs arts, leurs religions, leurs sciences. Un désir infini, une force irrésistible pressent l'Esprit du monde à franchir ces étapes, car leur articulation aussi bien que leur réalisation forment son concept. L'histoire universelle donne seulement à voir comment l'Esprit ne cesse d'accéder à la conscience et au vouloir de la vérité. Il connaît des commencements, des moments décisifs et parvient finalement à une conscience totale. Nous nous sommes déjà expliqué sur le but ultime de cette marche. Les principes des Esprits des peuples qui se succèdent ne sont que les moments de l'Esprit universel unique qui, au cours de l'histoire, s'élève à une totalité transparente et achevée.

A cette vision d'un processus par lequel l'Esprit réalise son but au cours de l'histoire, s'oppose une conception largement répandue au sujet de l'idéal et de ses rapports avec la réalité. Il est courant d'entendre les hommes se plaindre que ce qui est idéal ne peut être inscrit dans la réalité - qu'il s'agisse d'idéaux tirés de l'imagination ou de la Raison. On se plaint, en particulier, du fait que la froide réalité réduise les idéaux de jeunesse à de simples rêves. Mais, tous ces idéaux qui, au cours de l'existence, se brisent sur l'écueil de la dure réalité, ne peuvent être que des vues subjectives, nées dans l'esprit de l'individualité particulière qui se prend pour un monument d'importance et d'intelligence. En effet, ce que l'individu peut s'imaginer dans sa particularité, ne saurait devenir la règle pour la réalité universelle, tout comme la loi universelle du monde n'existe pas uniquement pour les individus. Ces derniers risquent souvent de ne pas y trouver leur compte. Il peut néanmoins arriver qu'une telle chose ne se produise pas. L'individu a souvent une haute opinion de lui-même, de ses grands desseins, des actions d'éclat qu'il veut accomplir, de l'importance de sa propre personne, de l'attention qu'elle mérite et de sa contribution au salut du monde. En ce qui concerne cette opinion, il faut la remettre à sa place. On peut avoir beaucoup d'illusions à son propre sujet. Elles ne sont rien de plus que des opinions exagérées au sujet de sa propre valeur. Il peut également arriver que l'on ne rende pas justice à l'individu. Mais cela ne concerne pas l'histoire universelle qui utilise les individus comme moyens de sa progression[1].

On conçoit cependant aussi comme idéaux, les idéaux de la Raison, les Idées de Bien, de Vrai, de Meilleur, qui, elles, méritent qu'on exige leur satisfaction. A les voir non réalisées, on éprouve le sentiment d'une injustice objective. Des poètes, tels que Schiller, ont exprimé leur tristesse à ce sujet avec sensibilité et émotion. A ce point de vue on peut objecter que lorsque nous proclamons que la Raison universelle s'accomplit, ce n'est certainement pas tel ou tel individu empirique qui est concerné. Celui-ci peut s'en trouver plus ou moins bien ou mal parce que le hasard, la particularité ont reçu du Concept le pouvoir d'exercer leur droit considérable[2]. Cela n'empêche qu'au regard de certains faits, on peut dire qu'il y a des choses injustes dans le monde. Il y aurait donc beaucoup à redire en ce qui concerne les aspects singuliers de l'ordre phénoménal. Ce ne sont pourtant pas les existences empiriques qui sont en jeu ici. Elles sont soumises au hasard et n'ont pas d'importance. Rien n'est plus aisé que de critiquer et de se donner bonne conscience en croyant tout mieux savoir que les autres. Cette critique subjective qui n'envisage que le particulier et ses défauts, sans y reconnaître la Raison universelle, est facile. Elle permet de se vanter et de se mettre en avant, dans la mesure où elle donne la certitude d'être pleine de bonnes intentions pour le bonheur de tous et permet de présenter les apparences de la générosité. Il est plus facile de dénoncer les carences des individus, des États, du cours du monde, que de reconnaître leur véritable valeur. La critique négative permet de se donner des grands airs et de prétendre avoir

---

1. Pour Hegel, l'important, c'est l'Esprit et sa réalisation. Celle-ci prend la forme de l'État, du peuple. Les individus, dans leur particularité, leur stricte individualité, n'ont pas de valeur absolue. Ils n'ont de valeur que par rapport à la vie de l'Esprit qu'ils contribuent à réaliser.
2. Le Concept ne concerne que ce qui est nécessaire pour le développement de l'Esprit. Ce développement inscrit un ordre humain dans le monde. Mais cet ordre s'appuie sur des êtres qui sont aussi des êtres naturels (qui ont des besoins, des désirs, dont la satisfaction constitue le bonheur). L'Esprit dépasse la Nature mais ne la supprime pas. L'homme a le droit d'être heureux, mais son bonheur dépend de multiples circonstances accidentelles qui relèvent de la Nature et non de la vie de l'Esprit. C'est pourquoi Hegel pourra dire que les « périodes de bonheur sont des pages blanches » dans l'histoire (*La Raison dans l'histoire*, p. 116).

un point de vue exhaustif sur la Chose, sans pourtant avoir pénétré en elle, c'est-à-dire sans l'avoir saisie en elle-même, dans ce qu'elle a de positif. Il peut arriver que la critique soit fondée. Seulement, il est plus aisé de repérer les défauts que le substantiel (par exemple, à propos des œuvres d'art). Les hommes croient souvent qu'ils ont tout fait lorsqu'ils ont mis le doigt sur ce qui méritait d'être critiqué. Ils ont certes raison, mais ils ont également tort, parce qu'ils méconnaissent ce qu'il y a d'affirmatif dans la Chose. C'est faire preuve d'une grande superficialité que de ne voir partout que du mal, sans voir ce qu'il y a d'affirmatif et d'authentique. D'une manière générale, l'âge pousse à l'indulgence. La jeunesse est toujours insatisfaite. L'âge mûrit le jugement. Celui-ci accepte le mal, non pas uniquement par indifférence, mais parce qu'il est mieux instruit du sérieux de la vie, parce qu'il a appris à connaître le substantiel, la solidité de la Chose. Ce n'est pas là un accommodement bon marché avec le monde, mais une manière de lui rendre justice.

Pour ce qui est du véritable idéal, c'est-à-dire l'Idée de la Raison elle-même, il faut se convaincre du fait (dont la philosophie doit favoriser l'intelligence) que le monde réel est tel qu'il doit être, que la volonté rationnelle, le Bien concret, est en réalité la plus grande puissance, la puissance absolue qui se réalise. Le véritable Bien, la divine Raison universelle, est aussi la puissance capable de se réaliser. Ce Bien, cette Raison, dans leur représentation la plus concrète, c'est Dieu[1]. Et, nous entendons par Dieu, non pas une simple idée en général, mais une puissance efficace. La philosophie montre qu'aucune force ne peut surpasser la puissance du Bien, de Dieu, leur faire obstacle, se faire valoir face à eux. Dieu a un droit souverain : l'histoire ne peut présenter rien d'autre que le plan de la Providence. Dieu gouverne le monde. L'histoire universelle expose les résultats de son gouvernement, l'exécution de son plan. La tâche de la philosophie de l'histoire est de saisir ce plan. Elle présuppose donc que l'idéal se réalise et que n'a de réalité que ce qui est

---

1. Hegel oppose représentation (*Vorstellung*) et pensée. La religion expose la vérité sous la forme de la représentation, c'est-à-dire sous une forme qui implique un élément d'extériorité. Elle traduit la vérité de l'Esprit sous une forme imagée, métaphorique, de manière à la rendre accessible à tous ceux (la majorité) qui ne parviennent pas à la maîtrise de la pensée conceptuelle.

conforme à l'Idée. Dans la pure clarté de cette Idée divine qui n'est pas un pur idéal, s'évanouit l'illusion selon laquelle le monde ne serait qu'un ordre insensé. La philosophie veut connaître le contenu, la réalité de l'Idée divine et rendre justice à la réalité méprisée. Car, la Raison est l'appréhension de l'œuvre divine.

Ce que l'on appelle d'ordinaire « réalité » est considéré comme quelque chose de douteux par la philosophie - quelque chose qui peut présenter l'apparence de la réalité, mais n'est pas réel en soi et pour soi. Cette perspective pourrait se présenter comme un facteur de consolation face à la représentation du spectacle du malheur absolu, de la folie, qu'offrent les événements passés. Cette consolation ne serait qu'une compensation factice d'un mal qui n'aurait pas dû se produire. Elle n'a sa place que dans la finitude. La philosophie n'apporte donc aucune consolation. Elle offre davantage. Elle réconcilie, elle transfigure la réalité apparemment injuste, en quelque chose de rationnel. Elle la révèle comme fondée par l'Idée elle-même et offrant à la Raison le lieu dans lequel elle doit trouver l'apaisement. Car, la Raison est le divin. Le contenu qui forme le fondement de la Raison, est l'Idée divine et essentiellement le plan de Dieu. En tant qu'histoire universelle, la Raison n'est pas conforme à l'idée que s'en fait la volonté subjective. Seule la puissance divine est conforme à l'Idée. Mais pour la représentation, la Raison est la perception de l'Idée. Déjà étymologiquement, elle signifie ce qui est perçu par la parole *(logos),* plus exactement, la perception du vrai. La vérité du vrai, c'est le monde créé. Dieu parle. Il n'exprime que lui-même. Il est la puissance de s'exprimer, de se rendre intelligible. La vérité de Dieu, son image, c'est ce qui est compris dans la notion de Raison. La philosophie en déduit donc que ce qui est vide n'est pas un idéal. Ne peut être un idéal que ce qui est réel. Cela veut dire que l'Idée se fait objet de perception dans le monde.

Lexique

Aliénation

Ce terme désigne le fait de se séparer de soi, de devenir étranger à soi. Le sens primitif d'aliénation désigne la vente, la cession d'un bien à une autre personne. Il y a perte au profit de quelqu'un d'autre : l'objet vendu me devient étranger, je l'ai aliéné. Hegel conserve quelque chose de ce sens primitif. L'aliénation exprime une chute dans l'altérité. Elle implique l'impossibilité de se reconnaître soi-même dans une chose ou une réalité extérieures.

Concept

C'est avec celles d'Idée et d'Esprit, l'une des notions fondamentales de la philosophie hégélienne.

« Le Concept est... la vérité de l'être et de l'essence : (*Encycl.*, 2e éd. § 159). Le Concept désigne la nature véritable de l'acte de penser. Selon Hegel, penser, ce n'est pas opposer une représentation, une idée, à ce qui est réel, l'essence des choses (leur définition générale), à leur être. Penser, c'est comprendre que l'essence (ou la vérité) doit se réfléchir dans ce qui est, qu'il n'y a pas de séparation absolue entre la pensée (comme activité du sujet pensant) et la réalité (comme objet à penser). La pensée comme Concept *(Begriff)*, se saisit *(sich begreifen)* dans la réalité.

Développement

« Le mouvement du Concept est... un développement, par lequel est seulement posé ce qui est en soi déjà présent » (*Encycl.*, addition au § 161).

Le terme développement met l'accent sur le fait que tout ce qui surgit dans la pensée et dans le monde, n'est qu'une explicitation de ce qui est déjà en germe au départ. Ainsi, l'histoire est le lieu du « développement de l'Esprit ». Cela veut dire que ce qui s'y accomplit est un processus, la révélation progressive, par étapes, de la vérité et du contenu immanent de l'Esprit.

Dialectique

La dialectique désigne le mouvement même de l'Idée ou de l'Esprit. Si l'Esprit doit se développer pour devenir ce qu'il est effectivement, on peut dire que ce sont les manques, les limitations (ce qui le nie ou le contredit) rencontrés par l'Esprit dans la conscience qu'il prend de lui-même, qui le poussent à s'exprimer dans des formes toujours nouvelles. C'est cette activité négatrice de ce qui le nie qui définit la dialectique.

En soi, Pour soi, En soi et pour soi

La compréhension de ces expressions dérive de l'idée que l'Esprit est essentiellement processus. Ce qui se produit dans la réalité n'est que l'épanouissement de quelque chose qui était déjà virtuellement présent au départ. L'*en soi* est la réalité encore méconnue. L'enfant, par exemple, est homme en soi. Il est un homme qui n'est pas encore accompli, qui doit le devenir. Néanmoins, il l'est déjà à titre de disposition. Il ne pourrait devenir un homme s'il ne l'était déjà en germe, en soi. L'en soi désigne donc un contenu réel, mais non révélé. Pour que ce contenu éclate au grand jour, il faut jeter un pont entre ce qui est purement virtuel et ce qui est pleinement réalisé. Ce pont, c'est le *pour soi*, le moment de la prise de conscience de soi. Il faut que l'homme connaisse sa vraie nature afin de pouvoir se l'approprier. L'en soi désigne un contenu que le pour soi révèle afin d'en faire un contenu effectif. C'est pour cette raison que la vérité de l'Esprit consistera à être en soi et pour soi, à être consciemment et effectivement ce qu'il n'était d'abord que virtuellement (en soi).

Esprit

On peut dire que l'Esprit exprime la vérité du Concept dans le monde concret de l'expérience humaine. L'Esprit est ce sujet universel qui anime l'histoire, qui s'exprime à travers elle. Alors que le Concept n'exprime que la vérité de la pensée pure, qui n'a affaire qu'à elle-même, l'Esprit exprime cette même vérité dans le cadre d'un monde que l'homme expérimente concrètement. C'est en ce sens que Hegel peut dire que l'Esprit est le « Concept concret ». C'est la pensée qui prend corps, qui s'incarne, pourrait-on dire, en donnant naissance aux différents aspects de l'ordre culturel en devenant Esprit du monde.

Idée

L'Idée est une notion à mettre en rapport avec celle de Concept. Elle désigne l'unité de l'objet et du sujet qu'implique le Concept, mais elle désigne cette unité portée à sa totale réalisation. Avec l'Idée, se trouvent mises en évidence les structures rationnelles grâce auxquelles le Concept accomplit effectivement cette unité avec ce qui est extérieur, dont il est la promesse. Le but de l'Esprit sera donc de produire ce même résultat dans cette expérience concrète qu'est l'ordre culturel. L'Idée réalisée traduira « l'unité de l'existence empirique et du Concept ». (*Principes*, addition au § 1).

Nécessité et contingence
Si l'on définit la nécessité comme ce qui ne peut être autrement, alors le contingent est « ce qui peut être ce qu'il est comme il peut être autre qu'il n'est ». Il est, par exemple, nécessaire qu'il y ait une cause d'un événement, mais il peut être contingent que cette cause prenne telle forme ou telle autre. On peut dire que, pour Hegel, seul le développement de l'Esprit (ou du Concept) est nécessaire. Il ne peut pas ne pas avoir lieu. La nécessité exprime finalement la pulsion intérieure de l'Esprit, celle qui le pousse à s'affirmer comme sujet libre.

Objet - Objectivité
La notion d'objectivité s'apparente plus ou moins à celle d'être. Elle caractérise ce qui fait le statut de l'objet. Elle désigne ce qui est « extérieur » à une pensée qui serait enfermée dans sa subjectivité, ce qui est objet par rapport à un sujet. Le propre de la philosophie hégélienne est précisément de prétendre dépasser cette extériorité de l'objet, son altérité, de montrer que le sujet (la pensée, l'Esprit) est ce qui se réconcilie avec lui, se reconnaît en lui. « Dans la connaissance, il s'agit d'une façon générale d'ôter son caractère étranger au monde objectif qui nous fait face, ce qui signifie la même chose que ramener l'être objectif au Concept, qui est notre Soi le plus intime » (*Encycl.*, addition au § 194).

Raison
Pour Hegel, la raison n'est ni une faculté subjective de « bien juger », de discerner le vrai du faux, le mal du bien, ni un pur objet de connaissance (la raison d'être, le principe d'explication des choses que la pensée chercherait à saisir dans l'ordre extérieur). La Raison est à la fois subjective (liée à l'existence d'un sujet pensant) et objective (liée à l'existence d'une réalité extérieure). Si la philosophie est connaissance de la raison, c'est en tant que « la raison est consciente d'elle-même comme de tout être » (*Encycl.*, 1re éd., § 5). Connaître rationnellement, c'est prendre conscience que « la raison est absolument auprès d'elle-même » dans les choses.

Aubin Imprimeur
LIGUGÉ. POITIERS

Achevé d'imprimer en novembre 1987
No d'édition 10067 / No d'impression L 25630
Dépôt légal novembre 1987 / Imprimé en France